中国现代出版家论著丛书

主编 郝振省

陕西出版资金资助项目

教育文存

陆费逵 著

西北大学出版社

作者简介

陆费逵(1886—1941),中国近代著名教育家、出版家。中华书局创办人。复姓陆费,名逵,字伯鸿,号少沧,幼名沧生,笔名有飞、冥飞、白等。浙江桐乡人,生于陕西汉中。陆费墀后裔。中国近现代著名教育家、出版家。

光绪三十年(1904),开办书店,三十一年秋接办《楚报》,任主笔。三个月后,任昌明公司上海支店(书店)经理。参加筹建上海书业商会。三十四年,进商务印书馆,任国文部编辑,后任出版部部长兼《教育杂志》主编。

民国元年(1912),创办中华书局,任局长、总经理,主持业务达三十年。先后出版《中华大字典》《辞海》,重印《四部备要》《古今图书集成》等。抗战时期,任国民参政会参政员。

著有《教育文存》《青年修养杂谈》《妇女问题杂谈》和教科书多种。

编辑说明

陆费逵是现代著名的辞书编辑家、教育家，他任职中华书局三十年，手编大量教科书，出版期刊，贡献巨著者如《中华大字典》《辞源》《四部备要》（重印）等要籍。《教育文存》是他1922年在上海中华书局出版的有关教育问题的一本文集。

这次整理重版，改原版竖排繁体字为横排简体字，改正了异体字、俗体字等，核改了一些错讹文字，依现今规范添加了标点符号，改正因版式标示的"大纲如左"为"如下"等，以适应今天读者的阅读习惯。

总　序

"中国现代出版家论著丛书",选集张元济等中国现代出版拓荒者14人之代表性作品19部,展示他们为中国现代出版奠基所作出的拓荒性成就和贡献。这套书由策划到编辑出版已有近六个年头了,遴选搜寻作品颇费周折,繁简转化及符合现今阅读习惯之编辑加工亦费时较多。经过多方努力,现在终于要问世了,作为该书的主编,我确实有责任用心地写几句话,对作者、编者和读者有个交代。尽管自己在这个领域里并不是特别有话语权。

首先想要交代的是这套选集编辑出版的背景是什么,必要性在哪里?很可能不少读者朋友,看到这些论著者的名字:张元济、王云五、陆费逵、钱君匋、邹韬奋、叶圣陶等会产生一种错觉:是不是又在"炒冷饭",又在"朝三暮四"或者"朝四暮三"?如此而然,对作者则是一种失敬,对读者则完全是一种损失,就会让笔者为编者感到羞愧。而事情恰恰相反,西北大学出版社的同仁们用心是良苦的,选编的角度是精准的,是很注意"供给侧改革"的。就实际生活而言,对待任何事物,怕的就是"一叶障目,不见泰山",怕的就是浮光掠影，道听途说；怕的就是想当然，而不尽然。对待出版物亦是这样，更是这样。确实不少整理性出版物、资料性出版物，属于少投入、多产出的克隆性出版；属于既保险、又赚线的懒人哲学？而这套论著确有它独到的价值。论著者不是那种"两耳不闻窗外事，闭门只读圣贤书"的出版家，而是关注中华民族命运，焦急民族发展困境的一批进步知识分子。他们面对着国家的积贫积弱，民众的一盘散沙，生活的饥寒交迫，列强的大举入侵，和"道德人心"的传统文化与知识体系不能拯救中国的危局，在西学东渐，重塑知识体系的过程中，固守着民族优秀文化的品格，秉承"为国难而牺牲，为文化而奋斗"的使命，整理国故，传承经典，评介新知，昌明教育，开启民智，发表了一系列的论著，为我们国家和民族的现代出版文化事业进行了拓荒性奠基。如果再往历史的深层追溯，不难看出，他们身上所体现的代表中国传统知识分子心胸与志向的使命追求，正如北宋思想家张载所倡言的："为天地立心，为生民立命，为往圣继绝学，为万世开太平"。我们为中华民族这些前仆后继、生生不息的思想家们肃然起敬。以张元济等为代表的民国进步出版家们，作为现代出版文化的拓荒奠基者，其实就是一批忧国忧民的思想大家、文化大家。挖掘、整理、选萃他们的出版文化思想，其实就是我们今天继承和弘扬优秀传统文化的必然之举，也是为新时代实现古今会通、中西结合的创造性转化与创新性发展提供借鉴的必须之举。

不仅如此，这套论著丛书的出版价值还在于作者是民国时期我们这个国家和民族最有代表性的一个文化群体，一批立足于出版的文化大家和思想大家；14位民国出版家的19部作品中，有相当部分未曾出版，具有重要的填补史料空白的性质，对于这个领域的研究者、耕耘者都是一笔十分重要的文化财富之集聚。通过对拓荒和奠基了中国现代出版事业的这些出版家部分重要作品的刊布，让我们了解这些出版家所特有的文化理念、文化视野、人文情怀，反思现在出版人对经济效益的过度追求，而忘记出版人的文化使命与精神追求等等现象。

之所以愿意出任该套论著丛书的主编还有一层考虑在里面。这些现代出版事业拓荒奠基的出版家们，其实也是一批彪炳于史册的编辑名家与编辑大家。他们几乎都有编辑方面的极深造诣与杰出成就。作为中国编辑学会的会长，也特别想从中寻觅和探究一位伟大的编辑家，他的作派应该是怎样的一种风格。张元济先生的《校史随笔》其实就是他编辑史学图书的原态轨迹；王云五的《新目录学的一角落》其实就是编辑工作的一方面集大成之结果；邹韬奋的《经历》中，就包含着他从事编辑工作的心血智慧；张静庐的《在出版界二十年》也不乏他的编辑职业之体验；陆费逵的《教育文存》、章锡琛的《<文史通义>选注》、周振甫的《诗词例话》等都有着他们作为一代编辑家的风采与灼见；赵家璧的三部论著中有两部干脆就是讲编辑故事的，一部是《编辑忆旧》，一部是《编辑生涯忆鲁迅》，其实鲁迅也是一位伟大的编辑家。只要你能认真地读进去，你就会发现一位职业编辑做到极致就会成为一位学者或名家，进而成为大思想家、大文化家，编辑最有条件成为思想家、文化家。"近水楼台先得月，就看识月不识月"。我们的编辑同仁难道不应该从中得到启发吗？难道我们不应该为自己编辑职业的神圣性而感到由衷的自豪与骄傲吗？

这套丛书真正读进去的话，容易使人联想到正是这一批民国时期我国现代出版事业的拓荒者和奠基者，现代出版文化的开创者与建树者，为西学东渐，为文明传承，作出了巨大的历史性贡献。他们昌明教育、开启民智的出版努力，他们所举办的现代书、报、刊社及其载体实际上成为马克思主义向中国传输的重要通道，成为中西文化发展交融的重要枢纽，成为当时的中国先进知识分子寻求和探究救国、救民真理的重要精神园地。甚至现代出版事业的快速发展与现代出版文化的初步形成，乃是中国共产党成立、诞生的重要思想文化渊源。一些早期共产党人就是在他们旗下的出版企业担任编辑出版工作的，有的还是他们所在出版单位的作者或签约作者。更多的早期共产党人正是受到他们的感染和影响，出书、办报、办刊而走上职业革命道路的。从这个意义上讲，我们对民国出版家及其拓荒性论著的价值的重视还很不够。而这套论著丛书恰恰可以对这个问题有所补救，我们为什么不认真一读呢？

是为序。

郝振省

2018.3.20

自　序

吾国文人积习，喜刊文集；而自序必伪为谦词，以示不矜。余甚非之。平日偶作文字，均不留稿；即刊行者，箧中亦不尽有也。近见墨飞自编《教育丛稿》，将十余年来之著述，汇为一编，甚便浏览；既可觇自己学识之进退，又可供同志之参考。余乃效之，将所作关于教育之文字，稍加整理，颜曰《教育文存》。旧刊杂志，余处已不完，幸朵山存有全璧，邮借抄出，大致无甚散佚。唯弱冠前旧作，有未刊行者，则已无觅处矣。

属稿至此，墨飞适来吾室，举以示之。墨飞要我为序《教育丛稿》。余笑谓之曰："即以此序两用，既序我之文存，兼序君之丛稿，又何不可之有？"余与墨飞生同岁，相交十三年矣。两人性质相似，主张亦常相同；顾彼深研教授训育，我则好谈学制，此又同而不同者也。民国四年，吾两人曾约集同岁者十人，合寿三百岁。此后如能合寿四百岁五百岁……者，当各为二集三集……刊行。愿与墨飞共勉之，视谁之存稿多也。

（民国）一〇、七、一〇、

凡 例

一、本书所采均十余年来所作关于教育之文字，其不关于教育者概不收入；

二、本书分五卷，各以类相从。卷一均关于学制教育宗旨及教授管理者，卷二关于修养者，卷三关于国语者，卷四关于女子教育及性欲者，卷五杂文；

三、关于教育而时效已过者什九均删去，唯留较有关系之数篇；

四、各书叙例均不载入，唯留《世界教育状况》《中华大字典》两序；

五、各篇略以性质序次而注何年于其下，一以便于阅览，一以觇个人学识之进退；

六、圈点或用新式标点或仅用句点，均仍原稿之旧（编者注：为今日阅读方便，现改为新式通用标点）；

七、作者学识浅陋，各篇文字又大率均急就之作，大雅君子尚希有以教之。

目 录

总序 ……………………………………… 郝振省（1）
自序 ……………………………………… 陆费逵 1

卷 一 …………………………………………………… 1

 教育主义 …………………………………………… 3
 论教育本义当定为培养国民人格以发展民国精神 …… 7
 论人才教育职业教育当与国民教育并重 …………… 10
 国民教育的疑问 …………………………………… 15
 缩短在学年限 ……………………………………… 18
 减少授课时间 ……………………………………… 21
 改用阳历 …………………………………………… 24
 小学堂章程改正私议 ……………………………… 26
 民国教育方针当采实利主义 ……………………… 32
 敬告民国教育总长 ………………………………… 35
 民国普通学制议 …………………………………… 38
 新学制之要求 ……………………………………… 46

新学制之批评 ·· 51
论中央教育会 ·· 55
论各国教科书制度 ·· 60
采用全日二部教授 ·· 69
论今日学堂之通弊 ·· 71

卷二 ·· 77

论学 ·· 79
灵魂与教育 ·· 87
修养论 ·· 92
除国民盗性论 ·· 97
论我国亟宜振兴佛教 ·· 102
敬告中等学生 ·· 109
学而时习之解 ·· 115
必有寝衣解 ··· 117
父母在不远游游必有方解 ································· 118
孝道正义 ·· 120
格物解 ·· 123
基督教徒之罪恶 ·· 125
实业家之修养 ·· 127

卷三 ·· 139

我对于国音国语的意见 ····································· 141
国语国音和京语京音 ·· 153
小学校国语教授问题 ·· 159
普通教育当采用俗体字 ····································· 164

整理汉字的意见··················166
论设字母学堂··················169
论日本废弃汉文················171

卷 四　　173

女子教育的急务················175
女子教育问题··················188
欧美之女性研究················191
男女共学问题··················201
饮食男女与教育················203
论近日风化之坏及其挽救之法······209
色欲与教育····················214

卷 五　　217

我之童子时代··················219
内庭趋侍记····················223
学界风潮感言··················230
《世界教育状况》序··············236
《中华大字典》序················238
宁鲁燕晋之一瞥················240
港粤一瞥······················255

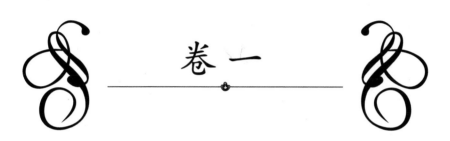

卷一

教育主义

民国八年（1919）

一、吾辈教育家之罪过

吾著此文之先，吾有一言敬告读者曰：吾国新教育萌芽以来，二十余年矣。此二十余年中，不过糊糊涂涂。以办学为一种维新之标志，无所谓主义，无所谓程序也。教育行政长官之贤者，与夫自命为研究家者，亦不过看看他人的样子，做两篇文字，办两件枝叶的事，无所谓主义，无所谓程序也。吾国社会对于教育，父兄令子弟就学，学子自己勤学。上焉者不过见他人强盛，欲习一学一艺，以强盛吾国。下焉者不过为一身之功名利达，谋生养家而已。无所谓主义，无所谓程序也。唯其如是，故兴学二十余年，仍无所益于国家社会。不唯无益，其所以为国家社会之蠹者，反加甚焉。吾人一念及此，辄头汗涔涔。自悔十余年来之所为，非枝节皮毛之是务，即附会盲从之行为。呜呼，吾辈自命为教育家者，其罪过可胜言哉。

二、教育主义

教育主义者何？施教育者定一目的，而令被教育者之人格合于此主义也。近世流行之教育主义，有军国民主义焉，有实利主义焉，有国家主义焉，有社会主义焉，有忠君主义焉，有民本主义焉，有其他之种种主义焉。视其名已不能无疑，考其实则皆戕贼杞柳以为桮棬者也。然则教育主义当如何？曰：亦唯使人人尽其性做一个人而已。夫曰人人，则全国之人无不包括，男性女性无不包括，健全残废无不包括，智愚贤不肖无不包括。普及之义具矣。曰尽其性，则有人类公同之性焉，有国民独具之性焉，有一家独具之性焉，有一人独具之性焉，胥人性而尽之。以遂其生，以安其业，以昌其家，以兴其国。教育之能事具矣。曰做一个人，则教育之目的与效能也。夫天地之生人为贵。人之所以贵者，岂以其能生活、能饮食男女而已哉。以其灵也，以其有理性也，以其能群也，以其能建设也。失其灵，失其理性，不能群，不能建设，则人而非人矣。世俗詈人曰：不是人，无不引为大辱。呜呼，何今世不是人者之多而不悟也。此无他，教育者未尝教育所以为人之道。徒教育其杀人，教育其攘利，教育其利己之国家社会而损人之国家社会，教育其为奴隶，教育其为暴民，教育其种种戕贼己性以求存于浊世。由今之道，无变今之俗。吾恐教育之兴，不过相率而为禽兽而已。朱子《大学章句序》曰："是以当世之人无不学。其学也者，无不有以知其性分之所固有，职分之所当为，而各勉焉以尽其力。"此诚教育之极则。教育主义至此，尚何言哉。

三、教育主义如何实行乎

吾所说之教育主义，吾国果欲实行，当定一标的，审查而实施之。就管见所及，当分为四端。第一、保存其固有之优点。第二、改良其固有之劣点。第三、采取他人之优点。第四、融冶人己之优点，而成一新优点。此四者详说之，累千万言不能尽，抑非末学如余所能任也。今姑就管见所及略述一二，以为当世教育家研究之途径。

余对于此四者之意见，大纲如下。

第一、我国固有之优点，在重心性而轻物质。以伦理的精神，伦理的组织为之基础。实有无上之精义，亘万古而不灭者也。

第二、我国固有之劣点，在无研究辨别而任谬说之流传、陋俗之披靡。其中所含杀人、灭种、死心、绝性之原子至多，不仅为政治经济教育风俗之害己也。

第三、他人之优点。政治、经济、教育、实业，胥末也。国富、兵强、器利，尤末之末也。其所优者，厥为科学及社会。科学的研究，社会的德性，吾人固望尘莫及。而科学社会之精神，吾人更未梦见也。

第四、我之新优点，当以东方伦理的精神立身治家，而祛陋俗、辟谬说，以西方科学的精神治学问事业。而除偏见，灭物欲，更进而立社会之基础。

程序既定，当就其条件详加审查：孰为优点，孰为劣点；孰当保存，孰当增进；孰当改良，孰当祛除。须详察国情，慎重定之，切不可稍存偏见。其审查之标准如下。

一、吾国固有之优点，与虽非真优而为国情所不能去者，则保存之。

二、吾国固有之优点，在今日已晦者，则发挥光大之。

三、吾国固有之劣点，与虽非最劣而为今日世界所不能容者，则祛除之。

四、他人较优于我之点，与我固有而尚有欠缺之点，则采择改良之。

五、无甚关系、可去可留之点，则听其自然，任其推移。

论教育本义当定为培养国民人格以发展民国精神

民国九年（1920）

第五次全国教育会联合会请废止从前部令之教育宗旨，而宣布教育本义。其议决案云：

新教育之真义，非止改革教育宗旨，废止军国主义之谓。若改革现时部颁宗旨为别一种宗旨，废止军国主义为别一种主义，仍是应如何教人之问题，非人应如何教之问题也。从前教育，只知研究应如何教人，不知研究人应如何教。今后之教育，应觉悟人应如何教，所谓儿童本位教育是也。施教育者，不应特定一种宗旨或主义，以束缚被教育者。盖如论如何宗旨，如何主义，终难免为教育之铸型，不得视为人应如何教之研究。故今后之教育，所谓宗旨，不必研究修正或改革，应毅然废止。本年北京教育调查会研究结果，有养成健全人格，发展共和精神二语。经本会讨论，认为适合教育本义，非宗旨之改革。特拟办法二条，请大部采择施行。

（一）从前部令公布之教育宗旨（注重道德教育，以实利教育军国民教育辅之，更以美感教育完成其道德），请明令废止。

（二）北京教育调查会所议定之养成健全人格、发展共和精神二语，请明令宣布为教育本义，听各教育者研究阐发。

吾以为养成健全人格、发展共和精神二语，犹有语病。盖人格者，人之品格也。人之品格，极不能齐。一格、二格……乃至百千万格，究以何格为健全之标准乎？究以至何格为养而成乎？今吾有数问于此：小儿之人格如何乎？盲哑之人格如何乎？普通善良国民之人格如何乎？贤哲英俊之人格如何乎？苗民之人格如何乎？答者必曰："小儿，人格未成熟者也。苗民，人格未具者也。盲哑，天然之人格缺陷也。普通善良国民及贤哲英俊，皆吾所谓健全人格也。"此言是也，而不尽然也。夫教育云者，教其知能而育其体魄也，所以增进其人格也。小儿因教育而进为善良国民，常人因教育而进为贤哲英俊，盲哑因教育而补救其缺陷，苗民因教育而渐进于文化。人格之高无限量，即人格之增进无止境。固不能定一标准，谓何格为健全，何境为已成也。

吾国今行共和国体矣。发挥共和精神，苟非狂愚，决不容有异议。然吾以为不可与养成健全人格成对待的。盖增进人格，方能发挥共和精神也。次则共和二字，其义不甚明显。提案者胸中必为"德谟克拉西"之精神，殆无可疑。共和二字，虽可代"德谟克拉西"之意义，然细按之固不无区别也。

吾今拟提一修正案。文曰：

培养国民人格以发展民国精神

夫国民人格不一,培养之使各得增进。譬之树木,就其种子及土宜,培之植之,以增进其生机,则良材自多而种子亦可渐进于良矣。民国者,今之国名而表现其国体者也,与"德谟克拉西"之义意吻合,一而二二而一者也。欲民国精神之发展,不可不求国民人格之增进。故培养国民人格以发展民国精神,实今日我国教育之唯一主义也。培养国民人格而不用以发展民国精神,则民国之基础不立;发展民国精神而不先之以培养国民人格,则乌合之众。民国精神,终末由发展也。

人格教育,教育主义之极品也。民国,国体之极品也。吾国而能注重人格教育及民国精神,教育前途有厚望焉,国民前途有厚望焉,民国前途有厚望焉。吾今重述教育之本义曰:

培养国民人格以发展民国精神

论人才教育职业教育当与国民教育并重

民国二年（1913）

十年以往，兴学者辄侈言大学高等，而轻视小学。于是内则京师大学，外则各省高等学校，不问学生之有无，教员之善否，同时并举。建筑开办之费若干万，经常费用若干万。办理不善，成效鲜睹，诟病之声，洋溢国中。于是舆论一变，谓必先有小学而后有中学，有中学而后有大学。注重国民教育之声，举国风靡，至近五六年而极矣。然而多数之学生，智德体三者，未曾愈于曩昔。而人才消乏，上下交困，反日甚一日。教育救亡之论，几疑其为虚诞。此其故何也？盖前者为无本之木，无源之水，其枯而涸，亦何足怪。后者则如惰农之治田，不知耕锄，不知培植，杂五谷于莠稗之中，虽溉之壅之，而卒不能收获也。庚戌之夏，教育杂志增刊《世界教育状况》之出版，余作"绪论"冠其首，曾标国民教育、人才教育、职业教育三者并重之说。是夏同人组织中国教育会于京师，余起草会章，复以是三者列入会纲。顾言之无文，说焉不详，不足以动人观听。民国成立以来，国民教育、社会教育之说盛行，人才教育、职业教育几在屏除之列。说者谓民国贵平等，故教育当采水平线的，不当偏重人才以生阶级；人生贵有世界观，故当重美育，而不必孳孳于实利。是说也，以理论言之，未尝无一日之长。以事实言之，则国民自杀之道也。夫国民教育，以水平线行之，所以使全国之人，具有人生必不可少之智识，以为国家之基础也。人才教育，则以出类拔萃为宗，所以使天才卓越之人，习高等专门学问，以为国家社会之中坚也。职业教育，则以一技之长可谋生活为主，所以使中人之资者，各尽所长，以期地无弃利，国富民裕也。一国之立，非有曾受教育之国民，则风气僿陋，民俗愚顽。为民谋乐利，民反阻之。欲事改革，尤戛戛乎其难。此固吾国数十年来曾受之痛苦也。昔者对于国民教育，漠视太甚，致有近数年之反动。几若各种教育，皆可任其有无，独国民教育当推行也者。然以吾国今日情状言之，人才教育、职业教育，殆较国民教育为尤急。目下国家社会之中坚，大半犹为曾受旧教育之人。文化日开，需用人才日多。如不早为培植，将来老成凋谢，继起无人，实为国家社会之隐忧。富而后教，古有明训。若饥寒不免，虽欲教育子女，力亦有所不能。况兴办学校，需费良多，决非一钱不名之社会所能有事。旷观中外教育发达之程度，无不视贫富为比例。而非职业教育兴盛，实业必不能发达，民生必不能富裕。故吾以为今日欲救危亡，第一须有人才，第二须有款项。有此二者而无国民教育，犹可力支危局，徐图补救。无此二者，即使国民教育真能普及，而国无栋梁之恃，民有破产之忧。国已不国，则彼普及之教育，亦昙花之一现而已。况主持学务必需人才，维持学校尤恃款项。无人才无款项，国民教育决无由普及。而无人才教育、职业教育，则国民教育即使普及，亦不过增无数识字之游民而已。此非吾之谰言也。近年卒业中小学者，颇不乏人，然类皆无所事事。揆厥原因，约有数端。中小学校，办理不得其人，款项又复支绌，因陋就简，成绩不良。升学则程度不足，改习实业则学艺又不足应用。此一因也。教育界之人才款项，两俱消乏。高等专门学校寥若晨星，职业学校更如景星庆云，亘全国不数见焉。虽欲深造，而无升学之所。此二因也。实业界之人才款项亦甚缺乏。企业者寡，用人自少。此三因也。有此三因，于是教育愈普及，识字之游民愈多，天下可叹息之事，孰有过于此者哉。今日对于国民教育，尚有人知注重，尚有人能从事。其他政治实业，亦尚有少数任事之人，未尝非前此兴大学专门派学生出洋之效果。向使当日仅从事国民教育，恐人才消乏，尤甚于今日，欲求如今之现状而不可得也。各国兴学之历史，亦非先从事国民教育。良以国民教育之普及，其事至艰，为费至巨，可渐几而不能一蹴就。其事虽重，其效甚缓，特百年树人为国家长治久安日进文明之大计，轻视固不可。屏弃百事而仅从事于兹，则尤不可也。人才教育、职业教育所费不多，收效至弘且速。日本明治五年开大学，明治十四年方实行义务教育。然推行至今，犹未达普及全国之目的。大学人才，早已辈出，为国桢干矣。吾意我国教育办法，须分三期。如下。

第一期

  甲　国民教育渐次兴办，师范学校尤须注意，务使适用。目下师范卒业生万难敷用，可多设教员养成所以助之。

  乙　维持现有之大学。

  丙　酌设规模弘大之高等专门学校十数所。

丁　联合数省合设甲乙种实业学校实业教员养成所若干所。

戊　多派中学以上卒业者出洋留学。

第二期

甲　就开通省份，试行义务教育。

乙　扩充已有之大学。

丙　多设高等专门学校。

丁　各县均设甲乙种实业学校。

戊　派专门或大学卒业者出洋留学。

第三期

甲　实行义务教育。

乙　添设大学及专门学校。

其尤当注意者如下。

第一　注意师范人才，勿令其太多，勿令其不足。

第二　第一二期内，一面专设大学及专门，一面多派留学。

第三　款项当以六成办普通教育，二成办人才教育，二成办职业教育。今日财政分配未精，万不可惑于国税地方税之说过分界限，当统筹全局用之。否则非如昔之全用于高考教育，即如目下之地方有税，国家无款。大学专门，岌岌可危也。

嗟夫。大学有停办之说，留学有减少之举。高等专门，叹风雨之漂摇。甲乙实业，更开办之无期。循是以往，窃恐他国之人才，将为吾之栋梁。他国之实业，将充牣于吾国。是非以教育救亡，直以教育促亡矣。大政方针言人才教育以实业为主，仍世俗人云亦云之谈。盖人才范围极广，立国于世，何才不需，岂仅实业而已哉。

民国二年十二月，余历江宁、济南而至天津。所至之处，小学渐见发达，而人才教育、职业教育，不唯不进，反有一落千丈之慨。舆情如是，可贺亦可危也。辄书吾之主张，以谂国人。旅邸嘈杂，行箧乏书，言既无文，意犹未尽。他日有暇，当更引申发明之。

国民教育的疑问

民国九年（1920）

有一天，我因为要研究下等社会的情形，散步到上海的贫民窟。看见许多又顽皮又龌龊和有残疾的儿童，我生出几个疑问：

1. 这种儿童，我们怎样去教育他？
2. 这种儿童，是不是享得着现在的教育权利？
3. 中等以上社会之子弟，肯不肯同这种儿童共学？
4. 这种儿童的习惯很不好，我们应当不应当叫中等以上社会之子弟同这种儿童共学？
5. 这种儿童的能力和财力，能不能同中等社会以上子弟共学？
6. 这种儿童很有天才好的，我们怎么样养他成才？

上海的万竹小学，办理非常之好；但是我同李默非先生（万竹校长）和几个学生的父兄谈谈，我又生了几个疑问：

1. 小康以上之家，是不是应当拿公费去供给他们子弟的教育？

2. 为什么一个课堂要收容七八十个学生，以致功课不能十分好？

3. 学费尽管轻，书籍尽管便宜，到底贫民能不能负担？

4. "管理难"一句话，我耳朵里听见得很多，这是什么缘故？

5. 不及格的学生，为什么很多，怎么样去处分？

6. 普通各处办的国民学校高等小学，到底是什么目的？如果是国民义务教育，我就要问问，为什么贫民很少？如果是养成人才，我就要问问，一个课堂七八十个人，到底养成了几个人才？

又有一天我和几个朋友谈天，他们是主张"德谟克拉西教育"的，我又生了几个疑问：

1. 德谟克拉西的教育，是要教人向上呢？还是向下呢？

2. 教育怎么样方能平等？

3. 有钱的人，占了学校的额子；没钱的人，关在学校外面；怎么办法？

4. 恶习惯的儿童，引坏好儿童，怎么办法？

5. 颖才儿童，不能尽他的能力去求进步，怎么办法？

6. 办教育的结果：一方面压抑颖才儿童，叫他少进步一点；牺牲好儿童，教他坏一点；一方面把顽劣儿童教他稍微有一点知识，不要坏到十二分；这是不是"德谟克拉西教育"？

　　我对于这许多疑问，想了好几天，总没有一个相当解决的方法。后来想出一点方法，也不敢就说出来，恐怕说得不对，反有害呀！现在要请大家想想有什么办法，写了寄下来；我也竭力的研究研究，缓些时候，把我研究的写出来，给大家看看。这个问题很大很要紧，望大家注意，不要糊涂过去。

缩短在学年限

宣统元年（1909）

学所以致用也。而致用之期，必在壮年。过幼则稚，过老则衰。幼壮老之迟早，又以种族而异。印人十龄生子，三十四十皤然老矣。英人四十多未娶，五十六十犹壮健也。则相去之远，顾可以道里计耶。

我国人种成熟之期，固无印人之早，亦不及英人之迟，大约与日本相伯仲。或较早亦未可知。英国教育制度，不甚统一。在学年限，大率七岁入学，小学八年，中学四年，大学三年。二十一二岁，可毕业大学，出以任事矣。德国小学，为平民教育。若入大学者，则由预备学校而中学而大学。预备学校三年，中学九年，大学三年或四年。二十三四岁，亦可毕业大学，出以任事矣。法制与德略同，而省预备级为一年，大学卒业，可较德稍早。美国则小学八年，中学四年，大学三年或四年，与英略同。日本小学六年，中学五年，高等学校三年，大学三年或四年。约二十三四岁，亦可毕业大学，在各国中为最久。日人提议去高等学校，已非一日。我国定章，则初等小学五年，高等小学四年，中学五年，高等学校三年，大学三年或四年。七岁束发受书，即成绩优良，永不留级，非二十七八岁不能在大学毕业。出以任事，将三十矣。虽生计甚裕，无家事分心，而岁月悠久，人事靡常。二十余年之在学期，其不中途辍业者，究有几人。况成熟既早，衰老亦易。假定英德之人，二十一二岁卒业，七十岁休职。我国之人，三十卒业，六十余休职。任事之期，相关至半。是彼一人之用，等于我二人矣。况种强则夭者少，种弱则夭者多。英人平均年龄四十八岁。我国虽无调查，然平均决不过三十岁。死亡之数，英国少而我国多。死亡既早，任事之期愈短。是我三四人不及彼一人之用也。加以生计艰舒，判若天渊。假使在大学卒业者，英国千人中有一人，恐我国万人中尚无一人也。夫成才之难如此，衰老之易如彼。而必久其年岁，使任事之人，埋没于学校之中，是果何心哉。

在学期长，所造可以较深。余岂不知此理哉。无如就我国社会之情状，人民之身体，及现今教育之成绩观之，有不能不缩短在学期限之事。人才教育而缩短期限，则成才较易，任事之期较长。国民教育而缩短期限，则办学较易，普及之效易期。以鄙意言之，则今日学制，当改为初等小学三年，高等小学三年，中学五年，大学预科一年，本科三年或四年。废去高等学校，而置分科之预科。如是则七岁入学，二十一二岁可卒业于大学，出以任事矣。此养成人才之教育也。国民教育，仅初等小学三年，未有不疑其过浅者。是又不然，盖与其年限长而不能普及，不若年限短而普及；与其中途辍业，紧要之知识未完，不如短期卒业。所获虽浅，而为人必须之知识，尚可粗具也，况所谓三年者。言此三年之教育，以为国民均当受之，不能少于此也。非三年之外，不准再入学校，禁其深造也。国民教育，固愈长愈佳。英美八年之期，不能遂谓之极则。讵此定章五年，尚嫌其久乎。无如财力不及，徒托空言。能受此五年教育者，百不逮一。何如暂时缩短，尚可有万一普及之希冀。苟他日国力渐充，民生富裕，将义务之期渐次延长。始而加初等之年限，减高等之年限，继而去高等小学，六年均为义务教育。数十年之后，虽再延长至八年十年，有何不可（延长小学年限，即当缩短中学以上之年限。非国民体育，大有进步，万不可加长在学之总年限）。今人唯争此五年之名，并三年之实，亦不克举。普及之效，既不可期。而年限过长，望而生畏。窃恐数年之后，求如昔日之读《三字经》《千字文》《百家姓》《杂字》等书而改业者，尚不可得也（实则二年亦可，三年仍恐难行也）。

减少授课时间

宣统元年(1909)

成人用脑,日不可过八小时。过则易恼易怒,以脑力已疲也。童年脑未充实,尤不可过用。过用则更易疲倦,所得易忘,其弊一也。童年用脑过度,脑必受伤。成人之后,脑力已竭,将不能再用矣。古人"小时了了,大时不了了"之说,未必非原因于此,其弊二也。夫教授欲学生之深入也,乃疲其脑力而使之易忘。教育欲学生之成才也,乃竭其脑力而使之易衰。教育本旨,固如是乎?吾见成绩优等之学生,大半疲癃病发。而短命者,且时有所闻也。

癸卯奏定章程:初等小学每星期三十小时,高等小学以上,三十六小时。此次学部奏定变通章程,则自初小第二年起,每星期即三十六小时,星期日且须温课半日。噫,我国民体魄,岂已迈欧美驾日本乎?何能耐如是繁重之功课也。不宁唯是,主持学校者,且执昔日终日呫哔之例,以概学堂。嫌定章时间过少,变本加厉,又从而增焉。他处吾不具知。即以上海言之,某高等学堂,中学三年以上,每星期授课四十小时,温习十二小时。星期日且有国文补习之举,以致学生日趋羸弱。与他校联合运动,鲜不败北,无一岁不有疾病之大恐慌。又有某蒙学堂，昔年每星期授课四十八时，现亦四十二时，孜孜如是，宜有成效可睹矣。乃开办十年，初无异于他校，学生身体且获恶果，抑又何也。

欧美诸国，教育最隆盛者，莫如英法德美四国。然德国小学校，第一二年每星期不过二十小时，三年以上亦不过三十小时。中学校亦不过三十三四小时。法国小学校，至多每星期三十小时。英国小学校，每星期不过二十四小时。美国则第一二三学年，每星期仅十二小时。第四学年十三小时。第五六七学年，十六小时余。第八学年，尚不足二十小时。中学通各学年，皆不过二十小时。夫时间短少，则脑力以舒逸而印入深。体育既不至有妨碍，而学科进步，且胜于终日伏案万万者。未闻世界教育家，以其时间过少为病也。

日本以汉文西文并治为难，授课时间不得不稍多。然寻常小学，第一年每星期二十一时，第二年二十四时，第三四年二十七时，第五年以上二十八时，至多不过三十时。中学大概二十八时至三十时。高等学校，亦不过三十二时也。然日本学生之体力，逐年趋于羸弱，大有江河日下之势。教育家群焉忧之，谋所以挽救之术，至今悬为教育界最大之问题。综观五国情形，亦可恍然于授课时间之宜多宜少矣。

我国数百年来，承帖括、鸦片、缠足之毒。人种体力之弱，甚于各国。注意体育，尚恐百十年内不能养成强武之国民，以与列强竞。乃以过量之功课，强责儿童。结果如何，端兆已著。吾恐主持学务者之热心之希望，将尽付诸东流，且遗国家无穷之隐忧也。

然则我国学堂授课之时间，当如何酌定乎？夫我国教育萌芽，需材孔亟，不能如英美之优游势也。然不顾国民之体力，徒知重学生之担负，苟不致酿成疾病，耗乏体力，岂不甚善。然征之实际，殊不尽然。则与其学问优而衰弱死亡，何如学问稍次而康强长寿也。故窃以为初小第一二年，不可过二十四小时，三四年不可过二十七小时。高小以上，不可过三十小时。或虑小学儿童在校时少，家庭嫌其顽梗，迁怒于学堂办理之不善。然是亦有术焉，或将温习时间置诸校内，或延长游散时间。是在从事教育者酌用之耳。

改用阳历

宣统二年（1910）

历有二种，有以地球绕日一周为一年者曰阳历。世界各国均用之。有以月绕地球一周为一月，积十二月或十三月为一年者曰阴历。我国用之。

地球绕日，月绕地球，非适为若干日也，各有其畸零不尽之时间焉。盖地球绕日一周，实为三百六十五日五时四十八分四十六秒。而月绕地球一周，则二十九日十二时四十四分三秒弱也。阳历分三百六十五日为十二月，而余五时四十八分四十六秒，积之四年所余尚不足一日。故四年一闰，百年二十四闰，四百年九十七闰。其闰仅一日，影响于人事者甚微。寒暑之候均有一定，至便利也。阴历则以二十九日或三十日为一月。一年十二月之中，大者六而小者六。实得三百五十四日，计余十一日五时四十八分四十六秒，积三年则余三十三日十七时二十六分十八秒。置一闰月尚不能尽，故五年再闰，十有九年七闰。平年十二月，闰年则为十三月。种种之不便，胥于是生焉。国计民生，均受莫大之影响。仅就教育言之，其不便有四。节气迟早，有相差至一月者，暑假必随之不同，不便一也。暑假有迟早，而年假无迟早。于是上学期之日数，与下学期异。今年某学期之日数，又与明年异。学期不能确定，不便二也。学期不能确定，则编制教授细目时有出入。今年某学年之课程，与明年某学年之课程不能一律。遇闰更形棘手，既无从增一月之课程，又不能徒过一月之光阴，不便三也。学堂经济，均以岁入若干为常。闰年多一月，必多一月之费用。而预算无由确定，不便四也。若改用阳历，则气候既无迟早，闰年仅多一日，凡此不便均可消灭，殆可谓有利无弊者矣。然而不唯国家不实行改革，民间言论亦鲜有及之者。岂我国之事，固以无秩序为贵者耶。

或疑阳历不便于农事，实瞽说也。用阴历者，农事之耕芸收获，视乎节气。而节气实与阳历暗合，二十四节为一年，恰为三百六十五日，非三百五十四日也（今年有闰，立春在正月十四日。明年立春，在今年十二月二十六日。中间适三百六十五日。验之他年，亦无差爽）。用阴历尚须检查节气，方能定其迟早。用阳历则直视月日可矣，较之阴历似更便利也。唯用阳历，则朔望晦弦不能应期耳，然断无因此而不改历之理。日本改用阳历已久，不闻其有不便。欧美诸国，更无论矣。世界均享阳历之益，我国独受阴历之累。且轻而易举，并非极难之事。何必固执因循，不知改革哉。

小学堂章程改正私议

宣统元年（1909）

我国庚辛以后，方从事兴学。瞬将十年，成效尚未大著。近五六年奉行之章程，盖癸卯年奏定者。然其缺点有六：科目太繁，一也。时间太多，二也。重视读经，三也。轻视国文，四也。年限太长，五也。程度不合，六也。主持学务者，拘泥定章，不肯通融，其弊固不可胜言。即心知其意，酌量变通，而人自为政，糅杂纷歧，亦失统一之效矣。自本社今年征集各学堂调查表观之，则沿江海开通较早之区，多坐后弊；边省腹地，多坐前弊。设长此以往，他日我国教育之结果，尚可问乎？

近一二年，教育家之言论，学部咨议官之条陈，稍稍论及此章程之不适用。执政者略采其说，遂有今年四月变通章程之发布。今虽尚未实施，而较之旧章固已改良多矣。但悉心研究，觉其中窒碍难行之处仍复不少。旧章六弊，仅去科目太繁、轻视国文二端。而时间更多，程度更不合，且科目时间配合未妥，单级教授无从编制，尤足阻教育之普及。今姑勿为消极之批评，且就所见为积极之改订，以备主持教育者之采择焉。

初等小学完全科，应定为四年卒业，简易科三年卒业。完全科卒业者，可入高等小学。简易科卒业者，如欲入高等小学肄业，除最优等者，应许其升学外，优等以下须入另设之补习科补习一年或半年。兹分配科目时间，列表如下。

完全科课程表

学年 科目	第一年	每星期时间	第二年	每星期时间	第三年	每星期时间	第四年	每星期时间
修身	道德要旨注重学堂家庭日常之事	二	同上	二	同上注重修己之事	二	同上注重国民科	二
国文	读浅易文字习楷书联字	十二	同上加造句	十二	同上加译俗作短信	十五	同上略习最习用之行书	十五
算术	二十以内之数法记法加减乘除	六	百以内之数法记法加减乘除	六	万以内之数法记法加减乘除珠算加减（一时）	六	普通加减乘除简易小数简易诸等数珠算加减（一时）	六
体操	游戏	四	同上普通体操	四	同上	四	同上	四
共计		二四		二四		二七		二七

如加课图画手工，则于国文时间内减一时或二时充之。加课唱歌，则于体操时间内减一时充之，或并入体操时间课之。

简易科课程表

学年科目	第一年	每星期时间	第二年	每星期时间	第三年	每星期时间
修身	道德要旨注重学堂家庭日常之事	二	同上	二	同上注重修己之事及国民科	二
国文	读浅易文字习楷书联字	十二	同上加造句	十五	同上加译俗作短信习最习用之行书	十六
算术	二十以内之数法记法加减乘除	六	百以内之数法记法加减乘除	六	普通加减乘除简易小数简易诸等数珠算加减（二时）	八
体操	游戏	四	同上普通体操	四	同上普通体操	四
共计		二四		二七		三十

如加课图画手工唱歌与完全科同

上表系就我国社会情势而定，亦不背教育原理。其与此次变通章程不同之点，略疏证之，并述其理由效果及补助之办法。

一年限 我国学制年限太长，不可不谋缩短，记者素所主张也。初小若骤改二年或三年卒业，必致招人讥评，谓为不足用。故就目下大多数所主张者，拟为四年卒业。高小入学程度，即以是为标准。简易科三年卒业，卒业后改业，所得知识已勉强敷用。较之完全科，特国文程度稍低，修身、算术、体操稍欠纯熟耳。如欲升学深造，则最优等许其升入高等小学。优等以下，则须入补习科补习一年或半年，方许升学。

此次变通章程，完全科五年卒业。与三年四年简易科卒业者，许一律升入高等小学肄业。然三年五年相差至二年之久，五年之最优等，与三年之下等，其相差更不可以道里计。安能同时升学，受同等之教育。况原奏简易科，为地方瘠苦、公私款项无多者而设。此种地方，必难羁留良教员。而学生天资，又未必优于繁富地方。窃恐简易科卒业学生之程度，未必及完全科修业三年四年者。乌在其能与五年卒业者，肄习同一之课程耶。至谓入高小后补习，亦必不行。无论三年五年相差如此，即三年四年，亦不能勉强。盖学生程度，稍有不足，即不能受益。三年简易科卒业者，最优等约可与四年卒者业之中等下等仿佛，可以许其升学。优等以下，则非入补习科补习不可。

补习科又当分二种。甲种为预备升学而设，以补足高小入学之程度为衡，大率以一年或半年为限。一种为不升入高小，而力尚能读书二三年方改业者而设。当分一年卒业、二年卒业、三年卒业三种。且须就地方情形酌加实业功课，如乡间加农业，都会商埠加簿记之类。

二时间 时间不可过多。上期主张，已详言之。上表所定时间，完全科为正当办法。简易科因紧要知识不能不课，故第二三年时间，较完全科每星期多三时。然较之定章，固已减少五分之一以上矣。

三科目 此次变通章程所定科目，较之癸卯奏定章程简易可行。完全科必修者：修身、读经、国文、算术、体操五科。简易科则无读经。乡间且可不课体操。今所拟订者，无论完全科、简易科，均以修身、国文、算术、体操四者为必修科，而以图画、手工、唱歌三者为随意科。稍明教育者，皆能知其故，无待说明也。

修身科。以养成普通道德及礼义之做法，且授以为国民之道。完全科简易科大略相同。特完全科举例较详耳。国文科。授以普通文字之诵读、习字、作文等法。诵读于文字文法及知识材料两方面，均须兼顾。作文则自联字而造句、而译俗、而作短札。习字则于楷书之外，兼及最通用之行书。数十百字已足，无取过多。简易科与完全科，亦大略相同。唯简易科年限较少，须略删不甚紧要之知识。生字数亦须稍减耳。算术科。当先心算、笔算而后珠算。盖珠算之口诀，既不易了解，而拨珠指法，练习尤难。故依教育原理言之，则无论完全科、简易科，第一年均授以二十以内之数法、写法、加、减、乘、除，而尤注重加法之口诀。第二年授以百以下之数法、记法、加、减、乘、除，而尤注重乘法之口诀，所谓九九歌是也。第三年以上，方可珠算、笔算并授，而初小卒业，不求深造者，其学识决不足营上等生计。且为期既短，儿童之年岁尤稚，珠算之加、减、乘、除，如于初小授完，决难领悟，更不能冀熟练。故记者主张：初小第三四年，以八十小时（即完全科第三四两年每星期一时，简易科第三年每星期一时）专授珠算之加减，期令学生练习纯熟，足以施之实用。笔算则于四则之外，略授以简易诸等，以为谋生之预备，便实地之计算而已。体操所以强国民体魄，无论城乡均当作为必修科。操衣可不用，体操不可不课也。

随意科三种，在教育上亦极有价值。然目下兴学未久，师资难求，自不能强令必修。然苟力能办到，自以加设为宜。盖唱歌以活泼精神，鼓舞兴趣。图画以练手目。手工以为工艺之预备。富谋生之能力，皆国民教育所当重视者也。

经书非儿童所能解，施之小学，尤觉有百害而无一利。记者以为经之有裨修身者，不妨采入修身书，可作文章模范者不妨收入国文读本，不必专设此课也。

记者尤有进焉。此次变通章程所列应用之书，皆部编者，其良楛不具论。唯除第一年外，多未出版。而第一年各书，出版已经数年。人事变迁，情势不合。供给机关，又未妥协，将令人何以遵循。若不须遵循，则此书目，毫无效用之可言，徒乱办学务者之耳目，阻民间之编辑而已。不宁唯是，修身国文两科，教科书须于卒业期内自成结构，首尾完具。则紧要知识不致遗漏，且无程度不合之忧。故完全科五年用十册者，四年简易科必另编八册。知识备具，不能即用完全科之前八册也。三年简易科必另编六册，不能即用完全科之前六册也。而一书之中，前册后册亦当衔接。不能用若干册，不用若干册也。故教科书而当用部编耶，则必速编精美适用者，分配于各科各学年。教科书而不必用部编耶，则章程中不当列书目，况书未脱稿，已订入法令，通行全国，似亦非所宜也。

民国教育方针当采实利主义

民国元年（1912）

教育总长蔡君就任之始，以教育方针见询，余既以实利主义对之矣。后读蔡君新教育意见，谓共和时代当有超轶政治之教育。所举方针，为军国民、实利、公民道德、世界观、美感五端，而侧重于后二者。夫国民教育，智、德、体三者既不可偏废，各种主义自无不包含之理。采军国民主义，不能废公民道德。采实利主义，亦必不废美感教育也。夫既不能偏废而包含之矣，则兼采多数方针，实不啻无方针。譬之食物，饭肉蔬菜人人皆食，即不能谓之嗜。而所谓嗜者，必其特好而有异于他物也。故吾谓蔡君意见，并非兼采五端，而实以世界观及美感二者为教育方针也。

夫教育方针，当与国是一致，尤当合世界之潮流，非可尽超轶夫政治也。吾民国之国是如何定之，吾不敢知，然万事根本，实在乎财。吾国大患，尤在夫贫。苟一旦民穷财尽，则国与民皆不免于破产。国家破产，外侮立乘。国民破产，盗贼愈甚，而皆不免于亡。况吾国人之习性，下等社会虽能耐劳，而知识缺乏，生活之力，遂以薄弱。上等社会文弱优柔，既无耐劳之筋力，又无谋生之能力。若长此以往，恐全国皆游民皆饿殍矣。今日教育方针，亟采实利主义以为对症之药。效果如何尚难预必，安可更益以优柔文弱之媒哉。

实利主义非唯药贫，实足以增进国力高尚人格，非此则他四主义亦将无所附丽。足食方能足兵，生计不裕，侈言尚武则大乱随之。古今中外，断无无财而可以强兵之理。况今世战争，恃力者三，而恃财者七。无财则任何勇武之国民，必不足以取胜。此军国民主义之有恃乎实利主义者一也。衣食足而后知礼义，饥寒不免则道心变为盗心矣。此公民道德主义，必恃乎实利主义者又一也。出世间之观念，优美尊严之感情，非不美也。然过于重视，则不免流于优柔文弱。数千年来吾国教育方针之误，即误于此。孔孟之轻利重义，黄老之恬退无为，其成效既如彼矣。今日顾可继以世界观美感二主义以益其误耶。

且夫教育宗旨，以养成"人"为第一义。而人之能为人否，实以能否自立为断。所谓自立者无他，有生活之智识，谋生之技能，而能自食其力，不仰给于人是也。欲达此目的，非采实利主义为方针不可。若世界观美感二者，可以之为养成文学家之方针，可以之为文科大学之宗旨，非普通国民教育所当重也。

实利主义云者非唯实业，非唯手工图画，盖此特其形式也。其精神所在，则勤俭也，耐劳也，自立自营也。举凡一切为人之德义，实利主义之教育，无不含之。人人能勤俭、耐劳、自立、自营，则民智民德进而社会国家亦进步矣。今世各文明国若英、若美、若法、若德、若日本，其教育皆有注重实利主义之倾向。质言之，则人之维持生活，既为人生第一要事，教育人人使能维持其生活，或更从而进步之，斯教育之目的达矣。满清朝时代，愈兴教育而人民愈贫，道德愈下者，即以不注重实际教育，不能裨益于人生生活，而子弟谋生之能力愈薄弱也（余前岁为商务馆招考学徒，今岁又为中华书局招考学徒。诸生大率入学数年，略解粗浅文字及笔算，于习字珠算及生活知识，什九皆不合格。刻实耐劳者，亦不多觏。而女生入学数年，家事知识、女红技能毫无所解，仅知以女国民自命。此种社会，若不急施实利主义之教育，而欲与英、德、法、美诸国竞，其不贫且弱者，殆无天理也）。

窃谓民国教育方针，宜以实利主义为标帜，勤俭耐劳为学风。普通人民，宜令具生活之知识技能。俊秀之士，宜令备指挥监督之才。或注意于研究发明，人人有谋生之力。生活稍裕，则可以为军国民，可以为公民。其上焉者，可以研究哲学，求出世间之知识，养美丽尊严之感情。若于今日而欲泯人我之差别，去幸福之营求，窃恐利未睹而害已随之。此种思想讲学则可定为全国教育方针，似非所宜。愿蔡君及教育界同志共研究之。记者于百忙之中偷暇草此篇，言未尽意不达也。

敬告民国教育总长

民国元年（1912）

临时政府成立，教育总长幸庆得人，此深可为吾未来国民贺者也。改革伊始，百端待理。缓急轻重，亟宜审慎。当以政治的眼光，察社会之情状，不可囿于学理，尤不可盲效他人。应行之事虽多，而今日所尤急者厥有四端。速宣布教育方针一也。颁普通学校暂行简章二也。组织高等教育会议三也。规定行政权限四也。略疏其理由方法于下，以备采择。

吾国教育方针，当采何种固非一时所能决定，然养成共和国民，固无疑义。应由教育总长，择定方针，从速颁布，而后教员可据以施其训练陶冶，教科书可据以定其编辑宗旨。否则言论纷纭，莫衷一是。教育效果，终不可期也。

民军起事以来，各省学校大半停办，青年光阴徒耗半年。今则阳历改岁，阴历亦伏腊矣。转瞬新春，各处学校将开办乎？抑仍停乎？开办将遵何法令乎？皆今日至急至困之问题也。窃以为民国教育，应改之处甚多，然审慎从事，决非数月所可了。仓卒从事，适足启纷扰而阻进行。为今之计，仅可去其太甚，速订简章通行各省，以便春初开学之用。简章当注意之事如下。

甲、每年仍分二学期。阳历三月开学，至暑假为第一学期。暑假后开学，至来年二月底，为第二学期（目下各种设备及教科书，均为二学期制。故当暂仍其旧，俟规定新章再采三学期制可也）。

乙、改订课程表（可参考拙著《普通教育议》）。中小学校，一律删去读经。中学不分文实。

丙、小学校许男女共学。除女子特加之女红家事外，其余课程与男生一律。

丁、教科书听各省自由采用，唯以不背教育方针为限。

戊、清学部旧章，不背民国宗旨者，暂许仍旧通用。

共和国之学制，以法国为最善。法国立法之精神，全在用合议而辟独断。其合议之关于全国者，为高等教育会议。盖兼听则聪，众人之讨论胜于一人之独断也。窃意教育总长，既宣布宗旨，颁发简章，即当召集高等教育会议。召集之方法与议事之范围如下。

（甲）会员分四种。一、由各省教育总会选举，每省三人。其内小学校长、中学校长、教育行政官各一人。二、开国会后，由国会议员互选十人。今暂由参政院互选二人。三、教育部各局长，及大学专门学校之校长。四、由教育总长延聘学识素著者二十人以下。以上各项会员，到过半数即可开议。

(乙)会期每年一次,于暑假中举行。闭会期中,可互选会员若干人为常务会员,备教育总长随时咨询。

(丙)凡关于教育之法令制度,及行政惩戒事项,皆于是会决之。

民国中央政府与各省之权限如何划分,实今日最大之问题。鄙意教育事项之权限,宜分别行之。法令规程概由中央主持,通行各省。教育行政,则普通学校由各省教育司主之,而受成于都督。专门教育,由中央规划而各省监督。至于详细方法,非片言所能尽,姑略之。

依上述办法,其利有六。方针既定,全国有所遵循。一也。择要改革,则积弊可以廓清。二也。速颁简章,则一二月中即可据以开学。三也。组织会议,可收集思之益。四也。高等会议,由各省组织,则中央可洞悉地方状况,各省又不致不服中央。五也。划清权限,既可免纷争,又可明责任而促进行。六也。至于小学如何普及,大学如何规划,经费如何筹措,皆大局底定以后之事,今日无从下手也。

民国普通学制议

民国元年（1912）

清季兴办教育十有余年，成效未睹，窒碍纷如。溯其原因，实学制不善之咎。盖年限失之太长，课程亦有未合，且陆续改订，不相联络，重复冲突，在在有之。办学者既苦于应付，升学者尤多困难，此皆历年所身受而叹息于恶政府之毒我未来国民也。今者民国成立，改建共和，教育为根本之图。普通教育，尤为根本中之根本，非力加改良，将何以植我国基哉。

欧美各国，自学龄始期至大学卒业，大率十四年至十六年。日本最长，亦不过十七八年。清旧廷制，乃至二十年以外。夫以吾人身体之弱，与今日需才之急，安能过于优游。非缩短之，断无人才大兴之望。然如各种科学，诚非二十年不可则亦已矣。而征之实际，则高小末二年与中学初二年复，中学后段又与高等复。何必强令学子虚耗宝贵之光阴，迁就重复之学制哉。中学强分文实，学科支配。升学转学，皆来困难。而小学师范，偏重经学，轻视国文、体操，尤背进化之旨及军国民教育之道。凡此诸端，断不能听其行于民国者也。

学堂系统，当谋联络而祛重复。且国民教育、人才教育、职业教育三者，必当并重。盖无国民教育，则国家之基础不固。无人才教育，则兴办事业，乏指挥整顿之人。无职业教育，则在下者生计艰困，在上者辅助乏才。此三者苟缺其一，将曷以为国。然规定学校系统，必兼顾此种种方面乃能行之无弊。今就鄙见拟定学制系统如下。

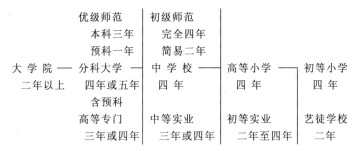

此系统所当注意者，尚有一事。正系之学校招考学生，当稍从严，约以次级学校卒业之优等为准。旁系学校，则当稍宽，得以次级学校卒业之中等为准。功课进步，亦皆准此。则将来大学卒业者，皆天资优秀之人才。其中人以下者，令入旁系之实业学校，亦可有一业之成，实为两便。否则迟天才之进步，迫中人以跂及，两败俱伤，甚不可也。高等以上课程，非仓卒所能订。今先将中小学校，及初级师范之课程办法，略述之。

初等小学为义务教育，所以养成普通国民也。高等小学为较高之国民教育。将来国势发展，即可将初等年限延长，如义务教育延至八年。则初等高等之冠词，即可删去。日本旧制，高小二年（即新制寻常六年）卒业者，可入中学一年级。四年卒业者，可入中学三年级。盖高小三四年皆非为中学预备，故功课重复。吾国仿行日制，而必四年卒业，方与中学衔接。于是高小四年卒业，入中学第一年。各种功课多已习过，既耗光阴，又减兴味。故中学仍旧制，则须将高小改为二年。高小仍旧制，则须将中学第一年程度改高，而缩短中学年限。今拟用后说。因各处高小，设立已多，中学设立尚少。且将来国势发展，义务教育延至八年，亦不至影响中学也。

初等小学课程表

学科＼学年	时数	第一学年	时数	第二学年	时数	第三学年	时数	第四学年
修身	二	道德要旨注重学校家庭社会之事	二	同上	二	同上加对国家之事	二	同上
国文	一二	普通文字之读法作文习字	一二	同上	一四	同上加历史地理及国民科材料	一四	同上
算学	五	百以内数	五	千以内数	六	万以内之四则珠算加减	六	亿以内之四则珠算加减
体操	四	游戏	四	游戏柔软体操	四	同上	四	同上
图画	一	单形简易形体	一	同上	一	简单形体	一	同上
手工				简易细工		同上		同上
唱歌		单简之单音唱歌		同上		同上		同上
共计	二四		二四		二七		二七	

高等小学课程表

学年学科	时数	第一学年	时数	第二学年	时数	第三学年	时数	第四学年
修身	二	道德要旨	二	道德要旨及国民义务	三	道德要旨	二	道德要旨及国民义务
国文	八	普通文之读法作法写法读本以浅明为主作文约百字以下	八	同上程度略进作文约百字余	八	同上渐授以古雅之文作文约二三百字	八	同上作文约三四百字
算学	四	整数小数诸等数珠算四则	四	简易之分数及百分法珠算四则	四	分数百分法 比例 日用簿记	四	比例开方简易求积日用簿记
历史	二	中国历史之大要	二	同上	二	补习中国历史依系统述之及文明开化	二	同上
地理	二	中国地理	二	同上	二	外国地理	二	补习天文地文人文地理
格致	二	博物理化之初步	二	同上	二	同上	二	同上
英文	二		二		四	读书 造句 习字 会话	四	同上
手工	一	简易细工	一	同上	一	同上	一	同上
图画	一	毛笔或铅笔	一	同上	一	同上	一	简易几何画
唱歌	一	单音唱歌	一	同上	一	同上加简易复音唱歌	一	同上
体操	三	普通体操兵式体操游戏	三	同上	三	同上	三	同上
共计	二八		二八		三〇		三〇	

不课图画唱歌手工之学校，可加他科时间。如三四年加授农商业，可减他科时间充之。

中学之设，一方面养成高等之国民，一方面为升入大学专门之预备。而既为高小升学之阶，则必与高小衔接。审矣，旧制高小已修完算术，中学又自四则授起。高小加课英语，中学又授字母，是为不衔接之明证。今既将高小课程厘定，则中学继高小之后，一切课程均当密接，无取重复也。

中学文实分科，虽便于研究专门，然普通学科本不能有偏重。高等人才，决不能缺普通智识，甚彰彰也。况内地财力有限，专办一科尚苦无力，强分两科非偏缺即苟且耳。今定为普通课程，不分文实。

旧章中学五年卒业，盖沿日本之制。然日本高小二年修满即升中学，故中学一二年功课，与高小三四年仿佛。吾国既定高小四年卒业，升入中学。则中学第一年功课，当与日本中学第三年相同，而卒业年限亦可稍事缩短，今定为四年。较之日本，已多一年（日本小学六年，中学五年，全十一年。今定小学八年，中学四年，合十二年）。与美国相等（美国小学八年，中学四年），决无不足之患。兹将课程列下。

中学校课程表

学年学科	时数	第一学年	时数	第二学年	时数	第三学年	时数	第四学年
修身	一	道德要旨	一	同上	一	同上	一	同上
国文	七	各种文字作文文法习字	七	同上	七	同上	七	同上文学史

续表

学科\学年	时数	第一学年	时数	第二学年	时数	第三学年	时数	第四学年
英文	七	读本自第三册程度起 文法 作文 会话 习字	七	同上	七	同上	七	文学 文学史 修词学 作文
历史	二	中国	二	中国东洋	二	西洋	二	补习世界近世史
地理	二	世界总论及中国	二	中国	二	外国	二	外国及地文
算学	四	代数	四	代数几何	四	几何	三	三角
博物	三	植物矿物	三	动物生理				
理化					四	物理	四	化学
法制经济大意					二		二	
军事大意					二		二	
图画	一	自在画 几何画	一	同上	一	同上	一	同上
体操	三	兵式	三	同上	三	同上 小队训练	三	同上
共计	三〇		三〇		三三		三三	

此外得酌加手工、唱歌、商业、农业、教育一科或二科。每星期三时以下，斟酌地方情形。英语可改他国，唯不得置第二外国语。

初级师范学校，养成两等小学教员。程度与中学略同，亦定四年卒业。课程如下。

师范学校课程表

学年学科	时数	第一学年	时数	第二学年	时数	第三学年	时数	第四学年
修身	一	道德要旨	一	同上	一	同上	一	同上
教育			二	教育学 心理学 伦理学	四	同上 加教授法 管理法	一二	教授法 管理法（四） 实地授业（八）
国文	八	各体文字 文法 作文 习字	六	同上	六	同上	二	文学史
英文	四	读本 文法 会话 造句 习字	四	同上	三	同上	二	修词学 英文教授法
历史	二	中国	二	中国东洋	二	西洋		
地理	二	总论中国	二	中国外国	二	外国地文		
算学	四	代数	四	代数几何	二	几何	二	三角
博物	三	植物矿物	三	动物生理				
理化					三	物理化学	三	化学
法制经济大意							二	
军事大意					二		二	
图画	二	自在画 几何画	二	同上	二	同上	一	图画教授法
音乐	一	单音及简易复音乐典大意	一	同上	一	同上	一	唱歌教授法
体操	三	兵式 普通游戏	三	同上	三	兵式体操 小队训练	三	同上 体操教授法
实业 农业手工商业之一					二		二	
共计	三〇		三〇		三三		三三	

师范学校，得设简易科二年卒业，备充初等小学教员，课程另订。民国将来需何种国民乎，由上述学制而实行之。可养成如何之国民乎，此固今日亟须解决，而阅者所亟欲知者也。民国行共和政体，须养成共和国民。今日为二十世纪竞争剧烈之世，非军国民经济国民，不足以立国。而文明日启，工业发达，非有科学，又不足以促国家之进化也。今兹所订课程，即本于此诸主义，务养成独立、自尊、自由、平等、勤俭、武勇、绵密、活泼之国民，以发达我国势，而执二十世纪之牛耳。

新学制之要求
民国元年（1912）

今者教育部开临时教育会议，民国新学制，将于是会议决矣。会员皆一时之选，必能议定吾国最适之制度，以养成未来之国民。幸何如之。余平日主张，当为海内所共见，无待赘陈。今就新学制所必需之数端略述管见，以充研究之资料。

（一）年限问题

教育部三次草案，各有其理由。但第三次表，将高小改为三年，并初小为七年，而将大学预科改为三年，此则不敢赞同者也。其改定理由：谓"中等程度以上，志在大成。修业期限，不妨稍久。而在普通学校，稍求智识，便即营生。修业期限，不妨稍短"。又谓"大学预科二年毕业，期限过短，外国语程度不足"，用意非不美善，然揆之吾国情形，必不相宜。以吾国文学之艰，外国语用途之广，义务教育即为八年仍有不足之虑。今虽不能骤臻八年，而留以余地，徐徐增加，其事甚顺。若缩为七年，则将来延长必须增加总年限，或牵动中学以上。为长久计，不宜改高小为三年。若谓缩短一年，所以令学子早谋生计,其说亦不甚确。肄业高小能至三年,则增多一年当无不可。如果为早谋生计,则小学当分为三级。初等四年,中等二年,高等二年。儿童任在何级毕业,皆可改途。既不妨国民教育之延长,又不妨学生之改业。较之高小三年制,似尚有一日之长。至谓大学预科二年,外国语程度不足固也。然如高小列外国语为必修科,则以高小及中学,习第一外国语。大学预科,习第二外国语,当无不足之虞。况观察世界及吾国大势,普通国民宜稍解英语,不唯讲学习业多所便利(专门名词,外国地名,皆非略解外国语不可),日用商业尤为急需(商业上如商标,及外国贸易等。日用上如亲友留学外国,非写外国信封则万万不能邮寄)。若非高小列为必修科,断无普及之望,且妨害中学之授课。而高小如课外国语,又缩短修业年限,则时间万万不足也。鄙意当如下规定。

甲、小学初等四年,中等二年,高等二年。

乙、高小列外国语为必修科,以图普及,并与中学衔接。中学更深造之,务令能直接听讲。

丙、大学预科,仍为二年,以第二外国语为主课。

(二)预科补习科问题

普通教育,养成智识道德者半,教授学术技艺者亦半,愈初级之学校,关于前者愈多,关于后者愈少。学龄已过之人,就社会所经验其所知必逾于学龄儿童,悟解之力,亦必较进。故学龄儿童四年授完之课程,施之年长者,二年已绰有余裕。日本中学五年，吾国留学生则以二三年之预备，已可应同样之升学考试，其明征也。清廷兴学之初，为速成计，各种学校每设预科补习科，以短期授次级功课，法至美意至善也。其后乃以奖励之故，禁止此项学校；或百方挑剔，迟其毕业。夫吾国初兴教育，办一学校，每苦无相当资格之学生，必设预科补习科以养成之，自无待言。盖无预科补习科，则非年长者，无可入之校。即强令与稚子同班，夫人之年龄不同，心理脑力知识程度无一不异，断不能令受同一之教育。强而同之，非年长者趣味全无，徒耗光阴。即年幼者，勉强企及，损伤身体。设有一人于此，年十四五，未曾读书，欲入初等工业学校（高小程度），将令其入初小预备四年乎。吾知其势必不能也，何如设一二年之预科，将初小功课缩短年月课之。正式初小，注重启发训练。速成补习，偏重注入智能。正式初小儿童，社会之事一无所晓。讲述日常之事，已占重要部分，补习学生反是。故时期虽短，成绩必相仿佛也。推而上之，中等高等亦复如是。苟设预科补习科，则年长失学之人，不至废弃，成才自多而速。教育以养成人才为目的，非视年限讲资格也。鄙意规定如下。

甲、与高小同程度之学校，得设二年预科，程度视初小。与中学同程度之学校，亦得设二年预科，程度视高小。并可就本科需用之学科，特加注重。

乙、无论何种专门学校，于本应设立之预科外，得设补习科。授该校入学必须之学课。

（三）女学问题

近世论女学者多矣。其方针大别为二：曰贤母良妻主义，曰男女平等主义。后者吾非极端反对，然吾国今日断不相宜。盖女学方针，与家庭组织、社会习惯关系綦重。离社会而讲教育，失教育之本旨矣。近来年少女子，颇提倡家庭革命，男女平等。而己身仍不免寄生于男子，举动形式亦不免为男子玩物之诮，更或借口自由，荡检踰闲，此可目为社会之蠹，非可与言教育也。吾国女学，成绩不良，原因于好高骛远。好高骛远之由来，则以女子虚荣心太重。办学者不肯矫正之，反投其虚荣心，以图见好。由今之道，毋变今之俗，养成女游民则有余，养成国民之母则不足。吾甚为女学前途危也。吾意女学程度，不妨稍浅，而须切实精熟，不可徒争门面壮观瞻。至女子教育当采之主义有三。一曰家庭主义，即养成主妇以改良家庭者也。吾国以家族为本位，家族善良，则国家之分子健全。家族不善良，则国家之分子不健全。不改良家庭而欲改良社会，是欲缘木而求鱼也。二曰教育主义，即养成师范以教育未来国民者也。此主义半附属于前者，即教育自己子女也。半附属于后者，即充当教员也。三曰职业主义，即授以谋生之能力，而为自立计者也。人之能否自由，视其能否自立，天下断无不能自立而能自由者也。世之提倡女子职业者，或以欧美为例。然社会习惯不同，颇难强就。如商店员等，在外国为女子重要职业，吾国则一时实不能行。然即小学教员、裁缝、蚕桑、纺织等事，苟女子尽力为之，已足应女子职业之求。今则裁缝一端，尚让男子为之，诚女界之耻也。总之女子教育，须养成好女子好妇人。侈言高远而无裨实际，则劳而寡效矣。鄙意女子教育，当规定之如下。

甲、高等小学加家事科。中学第一二年亦然，并注重裁缝烹饪之实习。

乙、中学加教育大意。

丙、多设女子职业学校，裁缝、蚕桑、美术尤要。

新学制之批评

民国二年（1913）

其一 小学校

余好言教育，尤好谈学制。前清时代之教育，无方针，无方法，非以牖民，实以愚民；非以教育儿童，实以戕贼儿童。办学愈久，去教育原理愈远。余辈之批评主张愈多，盖至浅极显之学说，彼等皆未尝梦见也。

客岁南京政府成立，蔡先生任教育总长，暂行办法十四条，合乎教育原理及吾国人情风俗，较之前清进步多矣。迨南北统一，政府北迁，教育部人才，既皆极一时之选。益以临时教育会议，集千百人之见识经验而议定种种制度，其妥善可行，夫岂待言。余等向所主张各说，缩短在学年限也，减少授课时间也，注重实利教育也，无不见诸实行。自此以后，吾辈非覃思熟虑，确具心得，不敢以至浅极显之学说，肆其笔舌矣。吾为吾国教育前途幸，吾尤为吾国未来国民幸也。

虽然智者千虑，必有一失。天下之事，只有比较的善恶，无绝对的善恶也。新学制之大体，吾无间然。且亦有不必纷纷主张，致朝令夕更者。然有数事，确为新制之缺点。余客冬在都，曾与教育部诸君再三言之，今更撮录于此，以为吾教育界之社说。

一曰初小第四年算术时间太少，高小第二年算术教材太少，第三年太多。余前岁著《普通学制议》，算术科采最近学说，主张初小第一年授二十以下之四则。而读法数法扩充至百。第二年百以下之四则，读法数法扩充至千。盖计算之方法从浅，以免伤儿童脑力。数数之范围从宽，以便日常应用，并为提早笔算。第四学年多课珠算也。南京教育部本拟采之，后有人病其创见而中止。实则日本近已采用矣，今姑不论此。但初小第四年，以每周五小时之光阴，而欲课通常四则简易小数及珠算之加减，势必不能。吾国珠算之用至大。初小至少须习至乘法初步，能于三四两年各课八十小时（即每周二时），或于第四年课百二十时（即每周三时），或可应用。新章虽未明定珠算时间，然依第四年算术共五时计之，必系每周一时，不言可知。此于儿童谋生，家庭信仰，皆有损害，不可不亟图之。至高小算术之分配，全依日本旧制。殊不知日本当日之制度，高小前二年为一结束。二年修满，或入中学，或改他业。故第二年新教材少而复习多。第三年为第四年之前半，故第三年新教材多而复习反少。吾国既采高小三年制，则三年当共为一结束。第二年既不结束，自应新教材多而复习少，第三年则小学七年于兹告竣，自当有一大结束，而注重复习。订此课程者，未研究日本之教授细目，未明结束之理，遂有此误。然实际则第二年嫌教材太少，第三年嫌太多，且无复习之余地，非速改不可也。

二曰英语之疑问。余主张高小以英文为必修科者也。如不能作必修，则毋宁不课。然此次新章，仍以英语为第三年随意科，且申明之曰：视地方情形，可自第二年始。此则吾所不解者也。高小设英语为随意科,盖本诸日本。然日本旧制,以高小二年衔接中学,高小三四年为不能入中学而欲深造者设。其课英语也,注重日常应用,以为谋生之资。新制则以小学六年,直接中学。高小仿法国办法,为课初等实业之用,故或课农业,或课商业。课商业者,方课英语。盖皆为不入中学而谋生者设,且彼中学五年卒业也。今吾国中学四年卒业,英语是否足用。英语足用,则高小或可不课,以省费用,且可以修英语之时间,修他科。如中学四年,英语不足用,则高小不得不课英语,以为之预备,如以加课英语为谋生计乎。则当今之世,除山村之民与世隔绝,专务农业者之外,未有不需英语者。绝不能判何地之民处世当用英语,何地之民不当用也。矧今之高等小学,固明明为正系普通教育。其毕业程度,固以升入中学为准。高小以英语为随意科,且可任意二年或一年,则将来中学收入之学生,其英语程度当有下之三种。

甲　已习英语二年
乙　已习英语一年。
丙　未曾习过。

夫以中学主课之英语,而入学者有三种程度。中学第一年教科,将以何者为准则乎。强高就下,趣味毫无;强劣就优,躐等维艰;授英语者,断不能强编初习ABC者与已习二年于一级之中。于是种种困难,缘之以生。前见北京高师附属中学分一年级为二组,询其故,则以英语程度不齐不能强合对。夫英语作为随意科,岂唯英语程度不能齐一,即国文算学,亦必以英语之加课与否,来时间之影响(英语时间减国文算术时间充之）。鄙意中学既改四年，英语必嫌不足。高小英语，以作必修科为宜。而高小功课，第三年已嫌繁重，第二年却尚轻简。苟定英语为高小第二三年之必修科，每周匀二时授之当不为难。有此一百六十时间之英语，升入中学，则中学四年之英语，亦可与前此中学五年相等也。

此外尚有三事，皆当研究之问题。（一）农商业是否当为正系高小之必修科。（二）以吾偌大且古之国，历史地理之时间，是否与日本相等已足。（三）女子何以不设家事科。国文科女子所用读本，家事要项，如何加法（意谓别编女子用书乎抑加于与男子通用之课本乎）。余以人事匆匆，又以教育界之出版期迫，不暇详言，俟诸异日。

论中央教育会

宣统三年（1911）

本年学部仿日本高等教育会议之制，奏开中央教育会于京师。将以集思广益，补助教育行政，甚盛事也。开会一月，重要议案通过者甚多。记者幸得与于旁听之列，今特本所闻见略论述之，以为留心教育者告焉。

当记者之初至京师也，人言啧啧。赞成兹会者有之，嘲笑兹会者亦有之，大概可分为三派。甲派之言曰："吾国新政之成绩，当以教育为最著。然上下之情，暌隔太甚。各省状况与夫民间之经验，学部不尽知也。故措施之间，未能尽当。学务大臣忧之，特开斯会，冀沟通难解之疑问、滞塞之情形，以便措施。自此以后，吾国教育之进步，殆可一泻千里，沛然而莫之御乎。"乙派之言曰："学部去年受资政院之质问，颇觉困难。特开斯会，罗致资政院有力之议员，以免今年九月再受抨击。此议发之一二司长，学务大臣赞成之。然侍郎丞参，并不以为然。谓其未必能免资政院之抨击，而将先受中央教育会之困难，不如不办云。"丙派之言曰："筹备清单，今年有拟订定国库补助小学经费章程，试办义务教育章程，颁布国语课本等事。去年陆海军部，又有奏准军国民教育方法一案。学部虑其事之难行，欲经中央教育会否决，便可取消。斯会之开，实消极的而非积极的也。"此三派之言，绝不相同，未敢判其是非。数月之后，观议决各案之进行如何，即可参透此中消息，固不必今日臆度也。

本届议决各案，裨益于初等小学者最巨。若义务教育章程，若国库补助小学经费案，若国库补助养成小学教员经费案，若变更初等教育方法案（列手工为必修科，不设读经讲经科目，男女同校），皆直接间接助初等教育发达者也。就中尤以初小男女同校，关系尤大。盖不如是则女子终不能受义务教育也，而顽固之俦，方斤斤力争，以为有妨礼教。夫男女同处社会之中，于尊严之学堂，则不许龆龀之男女同校。于游戏之处所，则任年长男女之杂沓，诚不知其用意何在。况青年男女违礼之行，决不出于学校，尤决不出于十岁以下之共学。此吾敢断言者也。至于初小不设读经讲经科，新旧之争尤烈。林传甲痛哭流涕，以为是亡国举动。孙雄袖上谕读之，以为箝制人口之计。可笑亦可怜矣。夫经之为物，其用有四。精义格言，人人所当服膺，则采入修身课本可也。治平要道，为国者所当力行，则法政大学及专门法政学堂编入讲（议）〔义〕可也。文章古雅，可资讽诵，则选入国文读本可也。事实制度，古史所征。则讲习历史，用为参考可也。诸君竞言尊经矣，抑知所以尊之之道乎。夫粱肉非味之至美者欤，然以饲婴儿，适足以戕其生。初小之不读经，岂谓经之不美乎，亦以儿童读而不解耳。况各经之中，皆有精义。与其专读一经，食而不化，何如选择各经之精华，分别浅深，配列高中小各学年，编入修身课本国文读本，令其能读能解，且可责其能行乎。见不及此而徒争意气，自命有功圣教。吾恐孔、孟、程、朱复生，未必肯认为功臣也。分辨事理之不胜，至借帝王之力以箝制人口。圣人之徒，固如此乎。初小须加课夏小正尔雅（孙雄主张），亦上谕所规定乎？若谓上谕为永不可变，则祖宗之法可不变，科举可不停，学堂可不兴。学子日讨生活于五经诗书足矣，何必言教育，更何必开中央教育会也。停止奖励案，赞成者甚众。若沈君恩孚、陈君敬弟、姚君汉章、汪君荣宝所论各节，皆极透彻。反对者左支右绌，理由不足，故终以大多数通过。此实教育上之大关键。此案实行，则教育上种种窒碍可消其大半矣。彼反对此案者，亦非真正心为教育以是为提倡之资也。其心理大概不外两种。一则部中人员之一部分，以为舍此则学部无以操纵；一则自己子弟，方在高等以上之学堂肄业。如果停止，则垂得之翰林主事知州知县，立即不翼而飞，岂不可惜。故颇有主张宣统五年实行者。盖彼时己之子弟，业已卒业。停止与否，非我所与知矣（余过天津时，有某君者为〇〇公所科员，曾再三询余停止奖励即实行否。余漫应之，后询知其二子一在北洋大学、一在高等工业，明年皆可卒业，故如是注意也）。幸此利禄之途，自爱者不敢过于力争，而又无尊圣之标帜。上谕为护符，加以已得官者，方恨后进之过多。故为此案之梗者，终于不胜也。

军国民教育议案，争论亦极激烈，然皆有所蔽。赞成者理由完足，吾固极表同情。但此事何事，而可明白宣布乎？夫此案之精神方法，皆普通教育所有事，规定于各项章程之中足矣。初不必别为一案，大加鼓吹。外以招敌国之疑忌，内以启学子之纷嚣。此吾于赞成一派，不能不为忠告者也。反对派之主张，纯然消极。即以打靶言之，学堂打靶虽不能无弊，然若行之得宜，则利浮于弊，可断言也。如因偶有流弊，遂谓其不可行，则因噎废食之见耳，充斯意也。陆军偶有哗变，即停练陆军；医药时或杀人，即可禁止行医。有是理乎？学堂打靶，犹得曰偶有流弊也。若夫体育会打靶，则毫无流弊之可言。卒因林炳章之一言，而以九票之少数否决。林炳章之言，会员固未听明。后列会员，遽尔起立，殊为误会，亦中央教育会之污点。而会场建筑之不善，实尸其咎。盖林炳章并未看清修正案，所言者，皆学堂打靶之弊，并未及体育会只字。而遂冒然以体育会不打靶通过，洵异闻也。

统一国语为当今第一急务。统之之法，必须音标，无待言矣。音标之要点有三。音符正确，一也。今用汉字，则不免各以其固有之音读之，必难保其正确矣。语音完备，二也。今则仅以京音为准，将来各省之音势必归于消灭矣。符号优美，三也。则汉字之上，加以点圈横竖，殊不美观。无论何国字母，皆未见其如此之凌杂也。夫国语编辑调查，必用多数解国语之人，不可用一二语言不明之人。今尽委之高君毓泲。夫高君之言，常居北京者亦不能尽解。试问彼日二时间之演说，听明者几人，讵能令通行全国乎？而又用汉字为音标，根本方法已谬矣。会中仓卒研究固属不可，然令各会员各述意见，于七月内呈部。不加讨论，吾殊不谓然。恩君华言今年各员自行研究，草具说帖，明年大会再议，自属正当办法。而以限于筹备清单之故，不能待之明年，此说遂不行。甚矣筹备清单之鲁莽灭裂而遗害无穷也。

就议决各案观之，成绩卓然。第一次开会已能如是，实可喜之现象。唯今年之弊有三。一则朝野显分二派，时为无谓之竞争。一则各省会员纷纷提议，深明教育之会员，不能以同一之眼光，向同一之目的进行（变通初等教育方法案本为联合会议决案,各员合力进行故结果独佳)。一则会场房屋不能聚音,常有误听之处。窃谓明年当于此三点注意,则成绩必更可观也。

论各国教科书制度

宣统二年（1910）

吾国自变法以来，每举一事即曰外国如何。而所谓外国者，大率皆指日本。一若外国仅一日本者，又若欧美诸国皆与日本相同者，何其陋也。

近数年间，日本以教科书大狱之故，改行国定制。于是吾国之政治家、教育家谈及教科书制度，辄曰外国行国定制，不知欧美诸国，行之者绝鲜。日本行之，亦弊害百出，其能持久与否尚在不可知之列。然吾国之人，鲜知外事，道听途说，无怪其然。今举各国制度以谂国人，使晓然于各国教科书制度之真相及各制度之利弊。诗曰：伐柯伐柯，其则不远。他人千百年之经验，其利害已昭然若揭。我苟择善而从，事半功倍，莫过于此矣。

世界文化最高之国，无过于英、法、德、美、奥。而东方新兴之国，厥唯日本，且为我国变法所取则，盲从政治家所借口者也。兹将各国情况略述于下（美国各邦不同，调查未确。兹姑缺之然皆为自由制也）。

其一英吉利。　英国人为勇敢进取之国民，又守旧固执之国民，万事皆重习惯。英国之制度，皆沿习惯为之。故英国实行有效之制度，他国人仿行，不能得英国之成绩也。英国小学校公立者约六七千，教会立者则几倍之。近年渐将教育事业，由教士移之公吏。然学堂管理者，教士与非教士，相去犹以倍计。小学校用书，纯依管理人之意见。唯公立者，须用教育局审定之书。一科中之图书，审定者常有数种或数十种。采用何种，则听学堂之自由，唯不能出审定各种之外耳。教会学堂，不受教育局之干涉，全系自由采择。属于何教会之学堂，辄用何教会出版之书。然他教会出版者，或教会外出版者，采用与否，固听学堂之自由也。英国书肆，欲扩充教科书销路，皆分送样本于各学堂，又派人四出游说。出版之家，无虑数十，故竞争甚激烈。英国学部，不唯不自编教科书，并不审定教科书，殆行自由选择制也。

其二法兰西。　三十年前，法国行审定制度。一书之出也，学部审定之，地方教育会审查之。然出版者，竞争运动，弊窦丛生。提议改良，非唯一日。千八百八十年，决议采用公众审查制。其意以为国定固束缚压制，阻教育之进步。而审定制度，审定少数之书，束缚教育者之自由，亦非国家振兴教育之本意也。今决用自由选择制。教科书采用之责，概由校长教员负之。盖校长教员人数众多，书肆运动事难而效微。且校长教员之于教科书，关系较切，亦未必为微利而枉从也，特虑其学识之不足耳。故校长教员之选择教科书也，由会议定之。各乡镇有公设之教育会，取新旧教科书研究比较，多数决议。乃报告于府县教育会，再开会议。以视学官为议长，师范学校长地方视学等为会员。研究比较，亦以多数决之。既决议乃取本会书目，加入新采用者，去其旧者。又提出于所属地方之大学总监督，受最后之判定。盖法国八十余府县，分隶十七大学区。各区各有一大学,而大学总监督皆深通教育学教授法之人。监理各该区之学务,小学中学高等学堂之教育事务皆属焉。凡事取决于少数,则误谬不免,运动极易。若取决于多数,则集思益广,收效至大。且人数众多,虽欲运动贿赂而无所施其技。故法国行此制之后,书肆竞争虽烈,唯分送样本说明编纂趣意及其优点,以求舆论之赞成而已。此外毫无他法,诚可谓弊绝风清,公平美满之教科书制度矣。

法国行此制度,其成绩如何乎?(一)竞争激烈,书籍进步极速。(二)监督完美,稍次之书即不能得舆论之赞成,而劣书自归消灭。(三)本区之人,会议采用本区之书,无虑不合地方情况。唯编辑推销为费至巨,定价因之不得不昂。然国民既享良书之利益,则稍出昂价以报酬之,亦为事理所当然。若使国家为之,恐即费此巨金,仍不能得此良果。况少数金钱之关于国家,固不如教科书良楛关系之大也。

其三德意志。 德为联邦合成,各邦制度各不相同。普鲁士采自由制,而以学部审定监督之。然其学部审定也,视学局实主之,有特别之精神。非我国之学部审定与日本国定前之文部省检定,所可同日语也。千八百七十二年十月十八日,普国学部法令,为尔后教育行政之基础,几经改正益形完美。普国之习惯,地方教员会议依学部法令作精密之教授纲要,经学务局及视学局之认可而实行之。小学教科书编辑者,依学部法令及各教育家编成之教授纲要,尽心编辑。而纸质印刷装订定价,亦悉心酌定,呈视学局审定。如视学局批驳,而出版者不服,可呈学部大臣裁判;更不服,可上控于内阁为最后之判决。而学部及内阁之判断也,不能以私意行之,须延著名学者细密审查。又参考著者之意见,询谋佥同而后决议。其审慎如斯，较之一二审定科员任意武断者，相去天渊矣。

审定之事既如上所述矣，采用之事又如何耶。各地方教员会议决议采用之书若干种，编成书目。地方学务局复核无误，即可通用。至何校用何书，一任学堂办事人之自由，不为干涉也。昔有一书肆出版之读本完善异常，学务局与以特别保护。于是教科书竞争，一时杜绝。害改良发达甚大，舆论哗然，事遂中止。普国舆论以为优胜劣败，自有天演淘汰。人功助长，反窒新机。故虽有审定制度，而其公平自由，迥非他国可比。教育隆盛，为世界第一。岂幸致哉。

然联邦中贝龙、乌由天比路、波典三王国，则与普国不同。贝龙国之小学国文，学部就民间出版者，指定何书适用何地。盖以其国一部为山地，一部为平地，其他各地方亦各有特别之情事。故学部视其地之情况，指定一书令其通用。然实际上毫无效力。国文之外，算术、地理、历史等全系自由出版，自由采择，不加干涉也。乌由天比路国因宗教关系，而强行国定制。学部编辑教科书也悬赏征集，用投标法选定一种，令民间承印发售，十年为一期。是国人口不过三四百万，仅当我一府。宗教风俗，全国一致。且其书仅读本一种，各科胥综合其中。而其第一册则任民间自由出版，自由采用，毫不干涉。又其特异之点也。

其四奥地利。　奥地利之学部有教科书出版局，然学部不自编图书，选民间著述之优良者买其版权，学部出版局印行发售，又分赠贫民。其小学校非必用学部出版之书，许兼用民间出版者。此制度之兴，殆其国情有不得不然者。盖奥国以德语为国语，此外有意大利语、土耳其语、波黑米亚语、奇叶克语等凡十一种。奥政府无废止各种语独用德语之能力。而行用较少之语，编纂之书销数极少，定价极昂。国家欲德语之普及，故不得已而行此制。分赠贫民，所以令贫民读德语之教科书也。各地小学校，高等则就学部审定各书，自由采用。初等则由地方学务局采定通用。出版局长尝告人曰："学部无独用国定书之意，且无与民间书肆竞争之心，特欲为民间书肆所不为之事而已。苟民间书肆发达，能不待学部之经营，尤余所厚望也。"调查其采用情形，则宗教书纯用学部之书，读本算术尚稍有用之者。此外各科，殆全用民间出版之书。持民间出版之读本与学部出版者比，民间出版者内容完善，印订纸张亦极精美。图画之数较学部出版者多至二倍以上。学部出版者毫无特色，仅定价廉于民间出版者十分之一耳。

或谓民间编辑出版之书，成本既大，垄断尤易，于是定价终必昂贵。是说也似是而实非也。成本大而定价昂，前已论之矣。垄断之事，征之奥国情况，益信其不必虑。

奥国教科书以自由竞争之结果，内容日见完善，定价日见低廉。盖物品良而定价低，在竞争场中获利自大。获利既大，必更谋进步，以防他家之袭击。盖竞争获胜者，如恣其欲望，利用一时之势力售劣品，定昂价，不特不能持久，必为他竞争者所压倒。此一定不易之理也（丙丁之间，我国教科书竞争激烈，进步极速，定价骤廉。试取近年所出之教科书，与前数年较，其明征也）。

其五日本。日本维新以来，振兴教育，于是教科书编辑出版次第兴盛。民间政府各自为之。明治六年，文部省藏版之小学教科书，约一百册，许各地方翻刻。然翻刻者，唯冀成本之减轻，印刷纸张粗劣不堪。明治十四年，定取缔规则。自后翻刻之书，须记翻刻人之姓名，且须受检查，贴印花，违者有罚。然其粗劣如故也。明治十三年，文部省创设编辑局，编辑小学用书。是时民间编书，蒸蒸日上。三宅坪内两博士之小学读本，尤为卓绝。于日本教科书，开一新纪元。十八年文部省编辑小学读本，袭用此二书甚多。此外历史、地理、理科等书，民间编辑亦臻完备。文部省进步，率后一筹。明治初年，办学堂者，震惊文部省编辑之名，大半采用文部省之书。其后文部省进步远不如民间之速。至明治三十年前后，用文部省之书者不过二十分之一而已。

明治十二年，明定法令。小学校用书，须由地方官择定，并文部大臣认可。次年改认可之制，为地方官呈报文部大臣。然地方官呈报之书，不尽良善。于是文部省设调查课，调查出版书籍之良楛。地方采择，须经调查认可之书。十六年又改为须呈文部大臣认可。二十年因地方官采用不免舞弊，于是由文部省检定，而选师范学校校长教员学务课员小学教员等为检定委员。其后办法数改，而物议渐次沸腾。明治三十五年，有金港堂行贿，审定落合直文高等女子读本之事，遂兴大狱。三十六年，行国定制，改订小学校令。以后小学校教科书，必用文部省著作者。

国定制既行之后，其结果果如何？今据日本之舆论，条述于下：

其利

（一）定价低廉。约较民间编辑者，减三分之一。

（二）用书统一。可为国家之机关。

其弊

（一）编辑草率

甲　日皇明治即位，系日本纪元二千五百二十七年。国定之书，误作二十六年。颁布宪法，系明治二十二年，误作二十三年。

乙　高等小学读本卷四，台湾生番约六页，全课讹误。

此其甚者耳，此外殆难枚举。

（二）印订纸张粗劣

甲　校对不注意，讹误极多。出版之后，方始查出，于是贴纸书上。最多之某年，通小学校各书贴至一百八十余处，致有膏药教科书之诮。

乙　挂图彩色减少套数。字帖画帖，失去原形。

然日本文部省经验既久，监督较严，故虽粗劣草率，然尚可勉强应用也。

（三）阻进步

甲　日本明治三十六年教科书国定之后，至四十二年七年之间，小学教科书毫无进步，中学书则以自由竞争之故进步极速。

乙　全国用一种书，即使不合该地情况，亦不得不强用之。

（四）发行机关之危险

甲　自由翻刻，愈趋愈粗恶。国家发行，则事既繁琐，尤易滋弊，于是渐变为专卖。各种教科书之发行权，握于十人之手。一人或二人各有一种或二三种，危险殊甚。平时印出之书，遇有错误，改正殊难。且学期已迫，有贴纸亦不能待之势，任其粗恶，无可如何。日人攻击此事，已非一日。去年新教科书出现，遂由三会社分之，然其弊仍不可免。特五十步百步之差耳。

乙　文部省检查，未必可恃。且有因翻刻者之请托，遂含糊不究。日人竞言第二次教科书大狱，将不在民间而在国定也。

丙　专卖者对贩卖者苛刻异常，贩卖者以无利益不愿多贩。于是供给不足，时有所闻。学堂无书可习，又不能用他书代之，其影响于教育界者实大。

（五）修正之困难

甲　文部原议有民间发现误点，即当改正云云。然实际行之颇非易易。盖必发现者通知编辑局，编辑局中编者认可、主任者认可，乃通知发行者。发行者不能预知其改订也，已印出之书，常有数百万册。即使经过各处，无一濡滞，犹不能决其必改。况显官名士，忙碌殊甚，未必不濡滞耶。以视民间出版之书，改正迅速者，其相去不可以道里计矣。

日本之现状如是。故推翻国定之论，如沸羹扬汤，至有为檄以讨文部大臣者。大臣噤口结舌，任其传布，无可如何也。

综观以上六国情事，则教科书制度之良善者，莫如德法。宜其教育隆盛，冠绝环球也。其制度之不善者，莫如日本。而日本教育之盛，国势之隆，为东亚第一，则又何也。呜呼，是说也知其一未知其二也。日本民间编辑，逾三十年，经验进步，文部坐享其成。向使明治初年，即行国定制，吾决其必不能有今日之盛况。况国定之制，行之不过六七年，已有僛焉不可终日之势。若再行十年二十年至三十年，吾恐日本进步，终不能与德法之竞争激烈者比。夫今日世界之大，国家教育不唯不养成一国之国民，尤当养成世界之国民，方能与同时立国于世上者竞。如人进一丈，己进一尺，必不能保其固有之位置。况人皆进步，而己独濡滞，且有退步耶。谋国者当放眼于五洲之外，岂一国情势亦未明者所可与语哉。兴言及此，又未尝不为吾国教育前途虑也。

采用全日二部教授

宣统二年（1910）

　　二部教授有二。一曰半日二部教授，分午前午后二部，即所谓半日学校也。一曰全日二部教授，又曰隔时二部教授。乃第一时教甲部，而乙部游戏，或自修；第二时教乙部，甲部则游戏或自修是也。

　　二部教授，可以省校舍，省教员，极有裨益于普及。德国小学校，强半皆然。日本行之，亦颇有效。兵库一县，行此制者约三分之二。成绩不唯不劣于非二部者，且有过之之处，而每年积省经费至十八万元。夫一年十八万，十年即一百八十万，百年即一千八百万，加以利息殆逾万万矣。百年之中，一县节省至万万，其补助该县之经济为功至巨。如我国教育大兴之后，以千五百州县计之，每年可省二万七千万元。十年可省二十七万万元，加以利息，巧历不能算矣。

　　虽然，半日二部教授，学生半日在校，半日在家。农工商业之子弟，须操作谋生者固便。然于不须谋生之儿童，则有损无益。盖半日在校，受教育之时既鲜。半日在外，家庭管理尤难。与我国人之心理，凿枘殊甚，仿行颇不易。欲求其有利无害，非行全日二部教授不可。

半日二部教授之功用，全日二部教授皆具之，其胜于半日者尚有三端。通常学校学生每日在校，至多五六时。全日二部，则隔一时课一部，他部休息或自修，学生在校可至七八小时。上课之时虽分二部，休息之时仍在教员监护之下。家庭既不至厌儿童之顽钝，又免在外与顽童恶戏。家庭信用益深，学生训育益便，与旧社会习惯尤合。其利一也。甲部受课之时，乙部自修或游戏。而使之相互监督，或选上级生为教生以照料幼者。苟训练管理得宜，则收效至宏，可养成自治之风，自修之力。非他种制度可比，其利二也。半日二部，上学级与下学级分隶午后午前。兄弟邻里学级不同者，不能同时回家。全日二部则不然。其利三也。默察我国今日之情形，教员不足，经济不裕，非采用全日二部教授，殆无普及教育之望。

或曰：单级教授，提倡已不乏人，何必更用全日二部为也。则应之曰：单级教授与全日二部比，似全日二部为优。盖单级合四五学年于一级，教授殊难。教员教授之法，稍未精熟或周密恳挚稍有不足，即不能收效。全日二部之教授法，与多级相近，较单级稍易，学生得益亦较多。唯须注意训练，期儿童能相互监督，或能得教生照料耳。如能以合格之教员一人，辅以助教（助教可以检定不及格或教员之妻有高小以上程度者充之）一人，则更善矣。

论今日学堂之通弊

宣统二年（1910）

教育得道，则其国强盛。教育不得道，则其国衰弱而灭亡。此一定之理也。盖教育得道，则民智开、民德进、民体强，而国势隆盛矣。教育不得道，则民智塞、民德退、民体弱，而国势衰亡矣。然则欲救危亡而期强盛无他，亦求教育之得道而已。

三代教育，颇称美备。文化日进，国势日昌。秦汉以还，愚民之政兴，教育之道失。近数百年重以帖括之毒，民智、民德、民体胥不堪问，而国势日蹙矣。辛壬之间，创巨痛深，明诏兴学，设专部，明考成，上下协力十年于兹。成效仍未大著，而风潮迭起，学风日漓。社会之人，恒视学堂为畏途，目学堂为无用。承学之子，学不足以应用，力不能以治生，则相率而去之。普及既不可期，人才亦难辈出。此弊之显见者也。而体力日弱，道德日隳，勤俭之风渐泯。即此数事，已足使民智、民德、民体日以退化。靡所底止，更何以望教育救危亡耶。说者以为此立法之未善也，行政之不当也，社会之信用未孚、阻力多而助力少也。此数者余非不表同情，然即今日之行政、之法令、之社会，苟主持学务者办理得宜，未尝不可有所为。虽不能与诸先进国颉颃，亦当成效渐著，树民智、民德、民体之基。何至呈今日之现状，如上所云云也。

记者愚见以为今日教育之无成效，由于学堂办理之不善，非尽出于立法行政之不善也。而学堂办理之不善，有设备不合者，有管理不合者，有教授不合者。而其不合之原因，则办事者学力不足，热心不足，因循敷衍，误会失当为之也。今姑就所闻见分别述之，主持学堂者其察焉。己校有之，则请不弃刍荛，速图改良。己校无之，则请用为殷鉴，勿蹈覆辙。余固望所言之非事实，尤望任事学堂者更有胜此之改良也。

一、设备上之不合。　无论兴办何种事业，设备不可不完全。所谓工欲善其事，必先利其器也。教育者，制造国民之工场也。先利其器，顾非至急之务乎？

教育上之设备，不外三端。选校地，一也。筑校舍，二也。置校具，三也。三者不完善，则事末由举，而管理教授无可施矣。

今之学堂，除一二经济宽裕办事人深明教育及具热心毅力者外，设备完全不可多见。言乎校地，则湫下卑湿者有之，设乎戏园酒馆之旁者有之，设乎公所会馆及丙舍之中者有之；面积狭小不能与学生数比例者有之，无操场或有而不敷用设备又不完全者有之，沟渠不治雨后积潦多日者有之。言乎校舍，则力不能建筑者虽居多数，此为经济所限无可如何，不能责其建筑也。然即改用旧屋，独不能多开窗牖乎，不能略行修改乎？读各省视学报告，校舍之光线不足用，空气欠流通者实居多数。如此之校地，如此之校舍，窃恐不能养成国民，适足以制造无数近视眼、增传染病之流行而已。至于特别教室，屋内操场，虽非万不可少，然有之而效用实大。今之学堂备此者，果有几校乎？更无论学校园矣。夫校地不适，校舍不备，非唯影响于学生之身心，管理教授，窒碍殊多。讲学务者，盍注意焉。

校地、校舍之不适用，犹得委之曰：财力不及，无如何也。若校具不完，装置不备，主其事者实尸其咎。所费有限，安能尽诿之财力哉。况常用简单之校具，尚可自制乎。校地、校舍之害，犹间接而不易见。校具不完，装置不备，则将直接影响于教授。学生学识之确实与否，技能之有用与否，胥赖乎是。如教授博物而无标本，教授理化而无器械，教授地理而无地图，教员教授之法虽精，学生决不能领会无疑。然标本器械地图，犹得曰费款稍巨，不能必致也。吾见夫授地理者，地图非不备也，然不以张示学生。细询其故，则以未备挂图之钉，张图之杆，故不能悬之耳。呜呼，一钉一杆，岂亦非巨款不能致乎。征之事实则无标本地图者尚鲜，无张图之杆若钉者实多，岂果财力不及哉。实不知其术，或知其术而不肯措意耳。

二、管理上之不合。　管理之术多矣，小学与中学异，中学又与高等大学异。欲说明之，更仆不能尽也。今就近日学堂之通弊言之，避缕述之繁，列表如下。

甲、对于校务

1. 表簿不备。
2. 编制不善，科目时间不合教育原理及该地情况。
3. 经济滥支，预算不明。
4. 教具不善保存。
5. 分任职掌不当。

6. 职员会无实际。

7. 监督校长不常在校,或不胜任。事权不统一,或任其废弛。

8. 选任教员,或徇私,或慕名,不能胜任愉快,且招学生之轻视。

9. 职员学识太低,举动不合,招学生之轻视。

10. 放假太多或太少。

乙、对于生徒

1. 无训练。

2. 过于严厉或过于放任,不能宽严适中。

3. 饮食求丰洁,衣履期雅观,校役供使任,致学生无勤俭之风,更或耻于操作。

4. 舍监不胜任,或宿舍分散管理不周,酿成种种恶习。

5. 赏罚不当,甚至因赏而启学生骄傲之心,因罚而令学生廉耻坠地,安于为非。

6. 小学校不措意于监护儿童及校外管理。

7. 滥施体罚。

丙、对于卫生

1. 采光换气之不注意。

2. 不注意清洁,扫除不得法。

3. 饮食不合卫生,不知监察厨房,任其以腐败之物充数,更或任会计舞弊。

4. 不预防传染病,不慎选校医。

5. 不注意生徒坐立之姿势。

6. 几椅不合生徒之身长。

三、教授上之不合。　教授功课，以教员之学识，启导学生。苟教员有学识可授，宜若简易而无所难也。然遍观我国大小学校，其教授得道者寥若晨星。贻误学生，腾笑外人，推其不合之由，则半由于校长监督措施之不当，半由于教员学识经验注意之不足。而视学堂如传舍，盲管理焉、盲教授焉，不肯研究其理法，不肯措意其误谬，则其不合之主因也。

何言乎校长监督措施之不当也。教员之教授不能无所秉承，无所遵循。而为一校之主者，厥为校长监督。章程之订改，行政之从违，无一不唯校长监督之命是听。今学堂最为教授之碍者有五。无教授细目则教授之进行不能预定，不能依学期而卒业，或未及期而甲科已完，或已及期而乙科未及半，升学固多不便，知识尤难完全。一也。无教授周录则教授进行之迹无由得见，细目适用与否亦未可知。二也。选择教科书不注意，或一任教员之便，或震惊审定之名，新出之良书不知采用，抱旧本为无上鸿宝。上海之学堂，尚有用地球韵言普通学歌诀者，内地更可知已。夫学堂用不良之教科书，无异军队用窳朽之军器，始基一误，遗害终生。三也。一人之知识有限，教授之统一尤难。集思广益，莫善于教员会。观感研究，莫善于教授批评会。今之学堂，有教员会而认真行之者百不获一，批评会更阒无闻焉。此教科所以不统一而教授所以鲜进步也。四也。中小学滥用讲义，劳而寡效，为害甚大。然用否之权，操之校长监督。苟校长监督主用教科书，教员亦必不能强用讲义。盖编讲义大率成于仓卒，不及著书者之审慎。而誊写印刷，又不及书肆印刷之工。无论何处讲义，鲜有不内容讹误，刷印模糊，误己以误人者。五也。盖教授之事，待于管理者半。校长监督，实尸其责。待于学识教法者半，则教员之务也。

教员之于教授，为其职所宜尽。教授不善，直教员之素餐，无可讳也。而其不合之由，有其不能者，有其不为者。学识不足，教法不合，所谓不能也。然自揣不能，即勿厚颜拥皋比，以误青年而误国家，不能以不能自诿也。预备不足，修养不善，不肯研究，不肯参考，所谓不为也。不为者直有心误人子弟，其罪尤不可逭。余尝参观上海日本小学校，其教员之周密恳切，令人敬服。每参观一教室，辄觉若有所失。而反观我国学校，则佳者固非绝无，而教员敷衍者实居多数。选材之不适当，程度之不适合，注意之疏，应用之缺，未尝不废然而扫兴也。

呜呼，教育之关系国家如彼。我国教育之现在状况如此，岂我国人为天赋之劣种乎。何他人之良法美意，一经易地则橘变为枳哉。盖草创之始滥竽者多，而指引无人，监督无人，其呈此现状又何足怪。记者属稿之际，适见学部有检定教员章程之颁布。苟实行之，则吾国教育，庶有豸乎。

教育文存卷一终

 卷二

论　学

民国七年（1918）

许氏《说文》训"学"曰：觉悟也。朱子注《论语》曰：学之为言效也。西文学Science之语原，从动词变化而成，有知之之意。求知，效也。已知，觉也。故学也者，始于效，即始于求知，终于觉，即终于已知。效为入手之方，觉乃成就之道也。

前人觉者既众，所觉者又以觉人。于是有途径可寻，有阶级可升，而学为一名词矣。孔子曰：学之不讲。老子曰：为学日益。此所谓学，皆名词也，非作觉效解之动词矣。

吾今所论之学，其本体则名词也，其方法则动词也。请先论其本体而后述其方法。

学果何物乎？曰道与理而已矣。礼乐射御书数以及文学政学农学工学商学等，皆艺而非学也。盖学也者，近之本性分之所固有，为职分之所当为。远之究造化之蕴，穷自然之理。立己立人，达己达人。放之可弥六合，卷之则退藏于密。孔之成仁，孟之取义，墨之兼爱，佛之慈悲，庄老之无为，程、朱、陆、王之明道，乃至近世科学家学理之发明，（此仅指自然科学之发明而言，其利用自然科学而为农工业上之发明者,则艺而非学也)哲学家思考之心得,皆能大而亡外,小而亡内,穷天道以裨人事者也。若夫艺,则或以资生,或以怡情,或以为修学之途径,或以助物质之进步,与学固有形上形下之分也。

孔子曰:"弟子入则孝,出则弟,谨而信,泛爱众,而亲仁。行有余力,则以学文。"子夏曰:"贤贤易色,事父母能竭其力,事君能致其身。与朋友交,言而有信。虽曰未学,吾必谓之学矣。"孔子称颜子好学,而以不迁怒不贰过为其好学之证。孟子言学问之道无他,求其放心而已矣。程子言学所以明人伦也。《大学》之言学,以"修身"为本。《中庸》之言学,以"戒惧"为方。盖古人知学之所以为学,在率性而修道。即智即德,即知即行。后世德性学问,分而为二。于是心口不相应,言行不相顾,去道愈远而世愈下矣。殊不知智育者,所以明道之原,格物之理者也。若仅事夫文字之末,略习科学皮毛,则艺育而已,安得谓之智育哉。吾甚悲夫今世教育之徒重艺育也,吾更惧夫艺愈进而道愈晦也。

吾非谓艺之可以不习也。吾且以为当兹物质文明发达之时代,非专习一艺不足以生存于斯世也。吾更以为修学须取径于艺也。然一面习艺以资生,一面当求学以复性。否则物质文明愈发达,生活之欲愈甚,济恶之方愈多,其不相率而为禽兽者几希。如不能学艺并修,毋宁取学而舍艺。盖有学无艺,尚不失为有人格之人,本吾天赋之力,未必无资生之道也。

学问之道,首在立志。下手之方,厥有二端。曰学习,曰锻炼。学习,知也。锻炼,行也。惟知行乃学之结果,学习锻炼乃为学之功夫。故吾不用知行二字,别采学习锻炼二语。孔子曰:"学而时习之,不亦悦乎。"邵尧夫诗曰:"当锻炼时分劲挺，到磨砻处发光辉。"夫学问必学习而后能知，必锻炼而后为我有。否则学自学，道自道，我无从知之，更何从行之哉。《中庸》曰："博学之，审问之，慎思之，明辨之，笃行之。"博学、审问、慎思、明辨，学习之道也。笃行，锻炼之道也。

孔子曰："吾十有五而志于学。"立志也。又曰："好学不厌。"立志而能笃也。颜渊曰："舜何人也，予何人也。有为者亦若是。"志大而坚也。孟子曰："尚志。"知立志之切要也。程子曰："莫说将第一等人让与别人，却做第二等。才如此说，便是自弃。虽与不能居仁由义者不同，其自小一也。言学便以道为志，言人便以圣为志。"程子此语，最为简明切要。志道志圣，立志也。修学以道为归，志乎学习也。为人以圣为归，志乎锻炼也。朱子曰："为学须先立志。志既立，则学问可次第着力。立志不定，终不济事。只从今日为始，随处提撕，随处收拾，随处体究，随事讨论。则日积月累，自然纯熟，自然光明。"朱子此语更为学者入手必由之方。无论为学习艺，非如此不能达上乘也。西哲甘德曰："人生最要之事，即立一伟大之目的，而决意达到之。"麦登曰："健全确定之一目的，可以疗治千恶疾。"盖志也者，人之所以为人也。天下之人，其所造诣之深浅，无不视其立志之大小。欲为圣贤，欲为蒲柳，其权固操之志，非他人所能相助，亦岂他人所能摧残哉。孔子曰："三军可夺帅也。匹夫不可夺志也。"为帅恃人，故可夺。立志在己，故不可夺。学者立志，亦求其在己而已，无他谬巧也。

大哉志乎，学问基于是，艺术基于是，功业基于是，为圣为贤为仙为佛无不基于是。苟志立矣，则阳气所发，金石为开。精神一到，何事不成。否则如无舵之舟，无衔之马，漂荡奔逸，无所底止矣。盖无志则无目的，其趋向不能无误。无志则无勇气，其进行不免因循。无志则无恒心，或作或辍，终于无成。无志则不能自制，不能坚忍。九仞之功，有亏于一篑者矣。孔子曰："发愤忘食，乐以忘忧。不知老之将至。"此真能立志者也，志既立矣，如不着力做去，何异于无志。夫立志所立，果属何事，亦有志于学习锻炼而已。立志而不学习，学习而不锻炼，是犹有志出门而不由户，有志行远而不举步。只能谓其有出门行远之想而已，不能谓其有出门行远之志也。想与志，似是而实非。想空而志实，想杂而志一。想忽起忽灭，志坚固不渝。盖想者吾人之思念，瞬息可以万变。就所想而定一标的焉，方可以谓之志。志既定，即当刚决果敢以进，不达不止。如今日一想，志随之变。明日一想，志又随之变。此人之妄想而已，志固未立也。

学习之道有三：读书、习艺、研索是也。朱子曰："为学之道，莫先于穷理。穷理之要，必在乎读书。"子路言何必读书然后为学，孔子以为贼夫人之子。夫人之觉也，有先有后。物之理也，愈格愈赜。古先圣哲发明之理，垂训之言，载之简册，以诏后人。吾人循序诵习，则数千年古人所有之心得，一一悟其意而会于心，事半功倍。较之古人之无依无据者，其难易不可以同年语矣。故读书为学习第一步功夫。

孔子曰："游于艺。"《学记》曰："不兴其艺，不能乐学。"《颜氏家训》谓："贵游子弟，多无学术。一朝失势，求诸身而无所得，施之世而无所用，不若有学艺者触地而安也。"（摘录原文大意）盖艺之用有三。一则为学问之阶梯，如习文以求道，借礼乐射书数以明理是也。一则为资生之具，如农工商业是也。一则涵养性情，可助修养之功，如文学美术是也。夫文以载道。不习文字，固莫由读书，更安从明道哉。天下之事理至繁，文艺之末，常含至理。由艺入学，较之空谈玄理者其功较易，其事有征。所谓不兴其艺不能乐学者，即此意也。有生之物，无不知求遂其生。人不能野处生食，故必求所以资生之道。彼圣智贤哲之隐于耕渔，隐于百工者，亦求所以资生而已。安贫虽可乐道，然苟饥寒交迫，并陋巷蔬食饮水而不得，则有转于沟壑而已。身既不存，何有于学。此生之所以需资，而职业之不可无也。若夫涵养性情，藉资消遣，亦所以为身心之寄。兴感之资，其最著者若诗、若文、若琴、若画。而柳诚悬心正笔正之论，则尤直接与修养有关矣。是故文艺虽末，然有其本存焉。徒知汨于生活，溺于技巧，固为学者所大忌。而藉以为乐学资生养性怡情，则又所急先务也。故习艺为学习第二步功夫。

书读矣，艺习矣。苟不深思而玩索之，则理莫由明。而所造者浅之又浅，则亦何贵乎学也。故研索尚焉。研索者，慎思明辨也，格物致知也。朱子曰："圣贤说一字，是一字。自家只平着心去秤停他。"朱子又曰："童遇云：读书千遍，其意可见。又曰：思之思之，又重思之。思之不通，鬼神将教之。非思之力也，精神之极也，非妄语也。"朱子又曰："所谓致知在格物者。言欲致吾之知，在即物而穷其理也。盖人心之灵，莫不有知。而天下之物，莫不有理。惟于理有未穷，故其知有不尽也。是以大学始教，必使学者即凡天下之物，莫不因其已知之理而益穷之，以求至乎其极，至于用力之久。而一旦豁然贯通焉，则众物之表里精粗无不到，而吾心之全体大用无不明矣。"夫以人性之灵，苟肯尽其研索之力，不唯圣贤已发之言可融会贯通而为我有。且将穷天人之蕴，殚未知之理。凿破天地混沌，克己明道而复性。无一非人之灵明所致，即无一非尽吾人研索之力所致也。孔子曰："学而不思则罔，思而不学则殆。"盖思而不学，固徒劳而无所获。然学而不思，终无由知其所以然。人云亦云，与我何与。故研索为学习第三步功夫。

学习功夫，一一尽力为之。然不锻炼，则与鹦鹉习言，狝猴学舞又何异焉。虽有嘉肴，弗食不知其旨也。彼过屠门而大嚼者，岂不知肉味之美，岂未见肉陈于案。然卒不能入口，与不知不见者又何以异焉。学习者，知而已耳。不加锻炼之功夫，则学自学，我自我。虽尽知之，学仍无裨于我，我亦何必需学哉。锻炼之功夫，一言蔽之曰：克己复礼而已。如何能克己复礼？曰：非礼勿视听言动而已。如何能非礼勿视听言动？曰：心有所主而已，求其放心而已。如何能心有所主，如何能求其放心，则求一简明之语、简明之法而不可得。岂古人不我告哉。盖古代人心不如今日之漓，欲心有所主，欲求其放心，为力尚易，故不必别求简明之道。今也不然，物欲之蔽日甚，吾心之灵日晦。生活之度日高，吾身之力日弱，非加锻炼之功，则欲心有所主。求其放心而不可得，遑论克己复礼哉。锻炼之目的有二。曰锻炼身体，曰锻炼意志。其下手之方有四。曰冷水浴，曰静坐调息，曰节嗜欲，曰息妄念，其方法当别著修养术述之。今先论其相关之理。

学问之道，在一"静"字。心愈静则愈明，性愈静则愈灵。孔子曰："仁者静。"大学之定静安虑得，实以静为枢纽。定所以为静之途径，安虑得则其效能也。中庸之至诚，老庄之无为，皆静之极处。夫能静方能动，静极方能动极。无事之时，此心若浮云太空，一尘不染，遇事方能应万变而不穷。

中庸述至诚之道，以为能尽己性，尽人性，尽物性，而赞天地之化育。老子曰："道常无为而无不为。"又曰："天得一以清，地得一以宁，神得一以灵。"又曰："天下万物生于有，有生于无。"是无为即有为，虚无即实有也。是无为者，此心之静。而有为者，则其动也。吾近研究鬼神之道，知心愈静者，灵愈清轻。心愈不静者，灵愈重浊。愈清轻者，其升愈高。愈重浊者，其堕愈深。圣凡贤愚，实判于此。静之时义大矣哉。

惟然，故各教教人无不从静字入手。孔子教颜子以克己复礼，而禁其非礼之视听言动。程子释之曰："制于外所以养其中也。"何制何养，亦惟制其妄而养其静而已。孟子自言不动心，本于善养浩然之气，教人则主求其放心。夫不动心，则静之极矣。求其放心，则求祛其妄而臻于静也。更若道家之炼气，佛家之坐禅，回教之斋戒，耶教之祈祷，虽有高下深浅之不同，然其制外养中则一也。

制外养中之道奈何。曰：亦惟节嗜欲息妄念而已。然当此物质发达生活奢靡之世，苟非上智，苟非大勇，欲无所依藉。而节嗜欲，息妄念，恐亦戛戛乎其难哉。故下手之方，必须求一可以操纵吾心抵抗外界之力而后可。欲养此力，则冷水浴与调息静坐，殆为不二法门。以近世人心之漓，人体之弱，欲其抵抗寒暑之侵，抵抗疾病之袭，抵抗饮食服御之嗜，抵抗声色货利之欲，乃至抵抗声与光之入耳目，必先锻炼其躯体性灵，使其外有以抵抗外物之扰，内有以自觉吾心之灵而后可。冷水浴者所以锻炼身体，使其增抵抗外界之力。冷静头脑，使其助操纵我心之力，故其形下功效在坚固皮肤，活泼血脉。其形上功效，则在养成勇敢强毅恬淡宁静之德。其裨益于人者至巨，岂仅治疗疾病而已哉。静坐调息，尤为修道之秘诀。程子教人以半日读书,半日静坐。其重视可知。近年日本此风大盛,若冈田氏,若二木氏,若藤田氏,若岩佐氏,均能达修养之堂奥,度己而度人。其功效彰彰在人耳目。盖静坐调息,在使精神凝聚,藏气丹田,可以祛妄念,除恶习,增胆力,定心志。静则精力弥漫,天君泰然。动则因应咸宜,可任艰巨及其成功。则虚灵不昧,神光常照,日不可疲,夜不可寐。志之所至,气即从之。气之所之,体即从之。此殆所谓至人者矣,岂仅制嗜欲止妄念而已哉。故吾以冷水浴静坐调息二者,为入道之宝筏。吾身吾性,惟此是赖。苟身健性灵,夫何学之不成而业之不就耶。朱子诗曰:"半亩方塘一鉴开,天光云影共徘徊。问渠那得清如许,为有源头活水来。"吾人从事修学,其亦求有源头活水足矣。

老子曰:"言者不知,知者不言。"吾今已犯言戒,则其所知之浅薄可知。然当此人心极危之世,泯泯棼棼,可忧孰甚。吾略有所知,又安忍默而不言哉。学者若能读书以明理,习艺以乐学资生养性怡情,研索以期其心得,冷水浴静坐调息以强健体魄,操纵心力。节嗜欲以免吾性之为奴,息妄念以安吾虑,则能达上下古今惟我(指心)独尊之概。动可以道问学,建功业。静可以葆天真,瀹性灵。此则孟子所谓不动心,真大丈夫也。学问至此,功夫至此,可以感天地,役鬼神,顺天时,尽地利;可以齐家治国平天下。国虽亡吾有不亡者存,世界虽灭吾有不灭者存。何忧乎贫弱,何惧乎外侮。不此之图,徒枝枝节节为之,吾恐物质未进,精神先亡;躯体虽存,性灵已失。在人则行尸走气,在国则名存实亡矣。呜呼,学也者可以超拔一己,可以普渡众生,岂仅救国而已哉,岂仅生活而已哉。

灵魂与教育

民国七年（1918）

卢梭论教育之目的曰："教育者，所以作人也。"今世最新教育学说曰人格教育学者。其论教育之改良曰："现代物质文明，极形发达。精神文明，不能与之同时并进。常人为生活所迫，欲望所驱，于是机械心盛，人格堕落。欲矫正之，须训练意志，启发天性以养成人格。至教授之材料，不可专重科学，应以美术养其情，宗教瀹其性。务使为良心之主张，自由之服从，方能以精神生活使人格高尚，家庭学校社会国家日趋善良。此固教育之极则，而共和国所尤亟者也。"谭浏阳之言曰："好生而恶死，可谓大惑不解者矣。盖于不生不灭憯焉。憯而惑，故明知是义，特不胜其死亡之惧，缩朒而不敢为。方幸于人祸之所不及，益以纵肆于恶，而顾影汲汲，而四方蹙蹙。惟取自快慰已尔。天下岂复可治也。今使灵魂之说明，虽至阗者，犹知死后有莫大之事及无穷之苦乐，必不于生前之暂苦暂乐，而生贪著厌离之想。知天堂地狱森列于心目，必不敢欺饰放纵，将日迁善以自兢惕。知身为不死之物，虽杀之亦不死，则成仁取义，必无怛怖于其衷。且此生未及竟者，来生固可以补之，复何所惧而不亹亹。"（见

《仁学》）吾认以上三说为教育之根本。顾所怀疑者,人果何物也。精神生活,果如何也。灵魂,果有与否也。世俗之释人曰:是人类之一分子也,国家之一分子也,社会之一分子也,家庭之一分子也。又曰:具五官备四肢能行动有意志者谓之人。以吾言之,是特人之表现者耳,非人之所以为人也。世之论精神者曰:形而上者谓之精神,心的作用谓之精神,意识的作用谓之精神。不知此特精神之显象而已,非其本体也。灵魂之说,广矣大矣。是人之所以为人而精神之本体也。顾无术证实,则无征不信。以谭浏阳之智慧,仅望明其说而已。则灵魂之说,渺茫难稽,不能家喻户晓,从可知矣。吾久欲荟萃以上三说,应用于教育,以挽今世颓败之风俗,陵夷之教化。而苦无根据,苦无方法,不敢昌言。亦无从着手,故怀而未宣也。

今秋同人有灵学会之组织。会中设盛德坛,圣神仙佛,相继降临。鬼神之说既已征实,灵魂之理亦复讲明。而仙佛对于儒教推崇备至,称述《大学》《中庸》《礼运》诸篇尤为恳挚。爰取童时诵习之书,加以玩索,乃知吾所希冀之学说,实我圣贤数千年所已发。于戏盛矣。

《中庸》曰:"天命之谓性,率性之谓道,修道之谓教。"又曰:"致中和,天地位焉,万物育焉。"朱注:"育者,遂其生也。"率性修道而遂其生,实教育二字最精之解释,亦即其最上之目的也。朱子《大学章句序》曰:"其学焉者,无不有以知其性分之所固有,职分之所当为,而各俛焉以尽其力。"此实教育最良之方法,最后之效能也。夫曰率性、曰性分之所固有,是人生于躯壳之外,更有所谓性者。曰天命之谓性,是性出于天。所谓天赋天禀者皆性也。惟儒教释性，以为人物之生，因各得其所赋之理，以为健顺五常之德。儒不言轮回，故谓性与生俱来。然前乎生者，性果何在。后乎生者，性果何往。不如佛言灵魂之有终始。故吾以灵魂二字，代吾意想中所谓躯壳外之人。而下教育之定义曰：教育者，教育人之灵魂也。彼心理学上所谓之意志，生理学上所谓之脑知觉，皆灵魂也。其不同者，则灵魂为物，不限于人之生存。而意志脑知觉，则生前死后均无其物也。易言以明之，意志脑知觉与灵魂即为一物。惟前者粗而后者精，前者其表现其作用，后者其本体也。更进一步言之，前者有生有灭，只有现在。后者不生不灭，永久存在。

吾人向辟迷信，不知灵魂之为物，其浅陋固不足道。今既确认有灵魂矣，则连带之学说亟当承认者。宇宙之间，确有主宰。即吾人所谓之天，欧美所谓之God。人死之后，视其业力之高下大小，为圣神，为仙佛，为善鬼，为恶鬼。人以灵魂为本体，躯壳不过灵魂所凭借耳。人生数十寒暑，自躯壳言之是为一生，自灵魂言之则一刹那而已。躯壳之苦乐，非真苦乐。灵魂之苦乐，乃真苦乐。且有躯壳苦而灵魂乐者，如苏武节、常山舌是也。亦有躯壳乐而灵魂苦者，如曹操牛、秦桧鸭是也。此理一明，则上帝临汝，毋贰尔心。如在其上，如在其左右，存心养性以事天，殀寿不贰修身俟之以立命。充此精神，白刃可蹈，爵禄可辞。忠孝节义，视为庸言庸行，视为人之义务。人心安有不善，天下安有不治者哉。精神教育至此，方能利用物质文明而遂人生也。否则物质文明，不过助机械心之发达，为堕落之渊薮而已耳。

或谓子所主张，不几于欧洲前此以宗教为教育基础乎？则应之曰：不然。吾所主张，系采宗教之精神，非用宗教之仪式。尤非以教育事业，授诸宗教者之手。欧洲中古以来，教育之权操之教会，其弊不可胜言。其后政教逐渐分离。法国于一九〇五年，议决政教分离之法律。自是以后，除教会自设讲宗教之学校外，不得设立他种学校。其已设者，渐次由国家收回或封闭之。至一九一四年，即我民国三年方告肃清。自是以后，教会设立之学校绝迹于法兰西矣。法国非不主张宗教也，实以教会分政治之势力，且以罗马教皇为其后盾，使国家行政极感困难。今试举其一例。法国教会主教虽由法国政府任命，然须得教皇同意。法政府授主教以冠冕，更须教皇授以指环及拄杖。如教皇不同意，则拒不之授。主教之资格，因以不完全而不能约束信徒。更或政府召主教令任某事，教皇忽免主教之职。教皇之专横如此，主教复以教皇为护符。政治家深恶痛绝，不得不演出政教分离之举。实则法国非反对宗教，乃反对利用宗教之势力以妨碍政治也。讲教育者，当知欧洲教育之本原实出于宗教。惟以教会泥于仪式及干涉政治之故，遗害国家，驯至政教分离，非有憾于宗教学说也。

近人龂龂于孔道为宗教非宗教之辨，何教适宜于我国之争。吾以为皆非也，皆未能于灵魂之道，鬼神之理，真知而灼见之也。今既知天地间，确有主宰，确有鬼神，灵魂确能存在，死后确有苦乐，而以人生业力为其本原。则宗教之理，人生之道，无不迎刃而解。此义既定，则采各教教义以助我化民可也，采各教育家学说以助我教育亦可也。更集合种种科学种种物质文明以为我用，亦无不可也。何必入主出奴，何必定于一尊。盖伊古以来之宗教家教育家，无一不以人性教育为其目的，即无一不有裨于灵魂。何必强分界限，以自狭其教哉。

呜呼，众生泯棼，至今日而极矣。愚者终日贪嗔，群溺于声色货利。智者看事太破，有日暮途穷之感。且以喜乐，且以永日，甚至纵欲败度，稔恶无忌。岂真人性之恶哉。亦由于不知躯壳之外，尚有灵魂。数十寒暑以外，尚有无穷岁月也。吾以为欲救今世之末俗，收教育之效果，必从阐明灵魂启瀹灵魂入手。其下手之方无他，采宗教之学说，为精神之训练。借星期之余暇，为灵魂之讲演。使人人有无穷之希望，知天理之昭昭，夫然后有治平之望也。世之君子，当不河汉斯言。

修养论
民国七年（1918）

　　天地间之有机物体，无不知求乐利，更无不知求进化。人固然，物亦然。生固然，死亦然。么匿（按注：英语unit音译，指个体）固然，拓都（按注：英语total之音译，指团体；社会）亦然。形而下者固然，形而上者亦然。天地位焉，天地之乐利也。天行健，则其求进化也。万物育焉，万物之乐利也。发荣滋长，则其求进化也。国利民福，拓都之乐利也。治平之道，则其求进化也。富寿康宁，么匿之乐利也。自强不息，则其求进化也。超脱升拔，神仙之乐利也。虔修普度，则其求进化也。盖有机体之为物，不进则退，不行则息。求其进行而不退息，则修养尚焉。教育者不过指示途径以为修养之前导而已。

　　教育之义，吾已于灵魂与教育篇详言之矣。修养之义果如何乎。孟子曰："存其心，养其性，所以事天也。殀寿不贰，修身以俟之，所以立命也。"夫曰养性，自养其性也。曰修身，自修其身也。教育之道，不过使知所以自养其性自修其身而已耳。

　　近世学者论修养与教育之分别，其说不一。或以时期言,则教育早始早终而修养晚始晚终也。或以表里言,则教育其表而修养其里也。或以自他言,则教育被动而修养自动也。或以范围言,则教育狭而浅,修养广而深也。或以方法言,则教育其手段,而修养其目的也。凡此所举,虽非探本之语,然教育修养不同之点固已瞭然矣。

今欲研究修养之道,须先楬櫫一义曰:修养者无时或息者也。今日修养,明日不可不修养。此时修养,彼时不可不修养。不宁惟是,今生修养,来生更不可不修养。生时修养,死后更不可不修养。不宁惟是,为人为鬼修养,为神更不可不修养。其能修养者,日日趋于善,生生世世趋于善。其不能修养者,日日趋于恶,生生世世趋于恶。其修养而中止者,在人则数十年之功,可败于垂成。在神则千百年之功,可毁于一日。吾心中尝悬一比拟之法。图如左。

善…———○———○———○———○———○———…恶

由右图观之,善恶由一途而行。不过一上一下一来一去之分耳。善之极则为圣为佛为天堂,恶之极则为愚为无明为地狱。孔子曰:"视其所以,观其所由,察其所安。"由者,由何途也。即趋善趋恶之分也。以者,所为也。由何途而现于外者也。安者,所乐也。由何途而存于心者也。孟子曰:"仁,人之安宅也。义,人之正路也。"是仁者,善之极也。义者,趋仁之途也。由义以达仁,则由正路而达所止宿矣,是由正路而向上来者,修养之道也。反是则向下去而不修不养,去安宅愈远而心愈放矣。孔子曰:"力不足者,中道而废。今女画。"中道而废,上来至中道而力竭不能行,力纾尚可续进也。画者,居心止于中道而不肯行,力虽纾而终不续进也。夫不进则退,不上则下。画则甘居下流矣,故孔子恶之也。复次，修养者，实行之道而不可托诸空言者也。孔孟之论言行，贵实践，固尽人皆知矣。推之佛耶，亦莫不皆然。《楞严经》曰："虽有多闻，若不修行，与不闻等。如人说食，终不得饱。"《遗教经》喻"精进如小水，常流不止，则能穿石。行者懈废，如钻火未热而息，则终不得火。"耶稣尤主实行天道。其言曰："遵遣我者（指天）之旨而毕其工，即我粮也。"（见《约翰福音传》）夫知而不行，犹不知也。行而不笃，犹不行也。盖必克己而后能复礼，修行而后可成道。犹之饭必炊而后熟，路必行而后至。其行之不笃，中道而废者，是犹半熟之饭，食必伤人。行至中途，无所止宿，其危险莫可言状。彼生为圣贤豪杰，名垂不朽。死为圣神仙佛，精灵不昧者。何一非从实行来。铁杵磨作绣花针，须知功夫深。修养之贵实行。与夫行而不息，必有所成。此语可以尽之矣。

复次，修养者，须忍耐困苦百折不挠而不为外物所诱也。耶教谓人生大敌有三：在己为嗜欲，在人为习俗，在冥冥为魔鬼。非将此三者克之驱之，终不能以悟道。佛教以贪情、痴情、嗔怒为三魔，身、口、意为三业。必去魔克业而后能成正果。孔子教人注重克己守约。孟子谓养心莫大于寡欲。夫人性之敌多矣，随处有敌，随时有敌。克敌以致胜，修养之要道也。陷入重围，则修养之道毁矣。突破重围，则修养近乎道矣。然苟不坚苦卓绝，忍耐前进，鲜有不困于重围者也。故从事修养者，须随时防敌，随地防敌。务令敌莫我犯，敌莫我诱，而后可以达于成。余弱冠时，偶读东籍，见有论冷水浴者，心醉其法。试行冷水摩擦，时值冬令，又不解避风之法。甫二次而伤风大作。其后逐渐研究，逐渐进行，由夏、而秋、而冬。由干摩擦、而湿摩擦、而淋浴、而坐浴。今则虽冰雪严寒之时，亦能于起床之际，不着衣服，迳趋浴室而跃入冷水中矣。然当未起之前，不免悬悬于本日之天气。一再踌躇，屡欲暂止。一经回想，又复自笑。何无勇气乃尔，不忍以十年之功废于一日。又复鼓勇而起，浴后不惟身体舒适，精神亦为之一畅。近两月来，立志不食禽兽肉，始觉勉强，继即自然。然当宴会之际，美味当前，不免食指微动，甚至举箸在手。幸一回思，立即放下。所谓不见可欲则心不乱者，不知道之言也。外物之诱，何时蔑有，何地蔑有，一为所诱，立毁我行。修养之谓何，功夫之谓何，故必目中有妓，心中无妓。利害当前，我行我素，夫然后能破重围而登彼岸也。苟能如是，则何惧于魔鬼，何忧于三魔三业，何畏乎外物之诱。

修养之法门，莫简明于佛之三学。三学者，戒，定，慧也，是佛法修行之根本，即成就之功夫。征之孔门，其道略同。孔子曰："吾十有五而志于学。三十而立，四十而不惑，五十而知天命，六十而耳顺。七十而从心所欲，不踰矩。"《大学》曰："知止而有定，定而后能静，静而后能安，安而后能虑，虑而后能得。"夫三十而立，立于戒也。（余因朱注有以自立则守之固而无所事志矣三句，悟立即立于戒，以告俞君仲还，仲还深以为然，并谓佛之戒，与儒之礼相似。然深思其证，久之未得，一日忽忆及不学礼无以立两句，朱注品节详明而德性坚定故能立。方敢确指礼即为戒，三十而立，即立于戒，亦即立于礼也）四十而不惑，定也。知天命耳顺从心所欲不踰矩，则慧矣。知止，戒也，定与静，皆定也。安虑得，则慧矣。耶教以受洗始，以升天终，亦由戒而入慧也，已能淑矣。必求所以淑人，是即佛之普度众生，耶之舍身救世，孔之立人达人博施济众也。盖慧之功夫，始则自觉，中则觉人，终则圆觉。是即佛之"真如"，孔子之"仁圣"也欤。

吾今定修养之功，分为四步。曰志学，曰立戒，曰施济，曰觉悟。学为第一步功夫。古今中外，无不然也。学以求知，知以实行，行至纯熟，则戒立矣。己立立人，以圆满其功德，故施济尚焉。此三者虽有深浅之分，然其下手功夫，固可同时并进者也。至知之深，行之笃，施之博而济之众，则大觉大悟，成圣成佛矣。今先列表于左，以示其下手之方。

志学	一步	二步	三步	四步	五步	六步	七步	八步	九步	十步	……………	觉悟
立戒		一步	二步	三步	四步	五步	六步	七步	八步	九步	十步 ……	
施济			一步	二步	三步	四步	五步	六步	七步	八步	九步 十步	

由右表观之，知第一步之后，即一面学第二步而实行第一步。牢守第一步，知第二步之后，即一面进学第三步而实行第二步。牢守第二步，而以第一步施济于人。由是而往，且学且守，且以施济。得尺则尺，得寸则寸，步步为营，节节以守，迨至功行圆满而大觉大悟矣。志学而不立戒，是一书簏而已。立戒而不施济，是一自了汉而已。均不能达圣佛之域而大觉大悟者也。故吾人修养，当志学以知之，立戒以守之，施济以及人，觉悟以保其性灵之永存不昧。是道也，人人能之。盖苟非下愚，未有学而不知者。苟肯身体力行，未有不能立戒者。苟肯存心度人，未有不能施济者。故为圣为佛，亦视人之肯为与否耳。未有不能者也。

除国民盗性论
民国七年（1918）

中华民国七年十一月二十一日，上海中外人士，庆祝协约国战胜，如醉如狂。吾默思战后世界之前途，忽惕然有所警悟。吾国民有最弱之一点，不速祛之，岂惟无以自立于世界，行将变全国民为盗匪，而受人之汰除。厥点维何？曰：国民盗性是也。吾国家受国民盗性之害深矣，吾社会受国民盗性之害深矣，吾实业界受国民盗性之害深矣。吾同胞个人以盗性害人而自害者，尤不可胜数矣。呜呼，何其酷也。二十二日晨起，觉胸中所怀非略吐之，以告我国民，以告我教育家亟加注意，则盗性终将亡我国而灭我种也。爰草此篇，以就正于当世。吾下笔之际，心中不知作何感觉。呜呼，吾心痛矣。

呜呼，我中华国力衰颓，社会疲敝，至今日而极矣。揆厥原因，虽非一端。然国民大多均有盗性，实为原因中之原因。闻者疑吾言乎，盍一察夫现状，推厥原委。其最显著者绿林遍地,群盗如毛。通都大邑,窃劫时闻。然此乃小民迫于饥寒者所为,何代无之,何国无之。虽为国家社会之害,非心腹之病也。吾最痛心者,则在国民之盗性。政治家不思所以遏之,教育家不思所以除之,而反提倡崇拜,不遗余力。长此以往,即有良法美政,即能人无不学。不惟无补于国家,无益于社会,且恐反致沦胥以亡矣。呜呼哀哉。

有人于此,人呼之曰盗则色然怒。有人于此,人颂其赚钱发财则色然喜。盗固恶名,其怒之也亦宜。殊不知赚钱发财四字中,含几许盗性,含几许盗行,含几许甚于操戈矛者之所为。官之发财仅中饱者,已为分所应得。枉法贪赃,已为叔世良吏。今则强夺民财者有之,政以贿成者有之,明侵国库者有之,分肥卖国者有之,官不理事而惟盗行之是务。天下危险之事,孰有甚于此者哉。然若社会风淳,则清议可惧,自必稍有顾忌。士多廉洁,亦可陟正黜邪,无如祸乱频仍,民德日偷。盗性之表现者,挪移侵吞,欺骗诈伪,舞弊中饱,偷窃沽润。实业败于此,公益败于此。呜呼,盗亦有道。此种行为,并盗之不若矣。人不甘居盗名,而乃行甚于盗之行。人心如此,国家尚可问邪,社会尚可问邪。

世界宗教,无不戒盗。孔门非义不取,包含最广,陈义最高,固无论已。耶教戒无攘窃,毋贪人宅第、妻室、仆婢、牛驴与凡属于人者(见《旧约·出埃及记》)。回教谓财货非义不取,非礼不用,百官非礼不纳,朝廷非礼不税(见《天方典礼》)。佛教五戒及十善戒,均以不偷盗戒次不杀之后,不淫之前,诸经论所说至为详尽。尤警辟者,谓偷盗造贫贱业因,来世勤苦所得财物供他人用。或罹盗劫水灾火灾,或为不爱子所耗散,又谓不偷盗永无忧患。夫偷盗者昧良心,犯国法，以求财物之益己也。然不造富贵因而造贫贱因，不得安享而罹诸灾，不能带往冥间而反偿于来世，不能长久保存而反为子孙耗散。夫亦不可以已乎。吾国人素宗孔圣。二千年来佛教尤深入人心。即耶回二教，崇拜者亦各千百万人。奈何对于四大宗教最重之戒律旦旦而违犯之也，其罪过可胜言哉。此就宗教上言之而必除盗性者一也。

现行刑律规定：窃盗处三等至五等徒刑。诈欺取财损害或侵占他人之财物，亦处三等至五等徒刑。而损害或侵占公务上业务上之财物，则处二等或三等徒刑。是挪移侵吞欺骗诈伪舞弊中饱偷窃侵润等，纯属他人者，与窃盗同罪。与己有公务业务上关系者，则倍重焉（三等至五等徒刑期五年至二月，二等至三等徒刑期十年至三年）。良以己既为公务业务之一员，对于公务业务上财物，当然负其责任。今乃侵占或损害之，是食其禄而害其事也，故罚从重。亦所以证明虽无盗名，而行甚于盗，则其罪亦甚耳。吾国人素以不入公门为体面，若以盗行之故，受倍重于盗之刑，其损人格为何如耶。此就国法上言之而必除盗性者又一也。

俗以男盗女娼为最可耻，为最重之誓罚。吾则以为操戈矛者，其可耻与娼相等。侵占损害财物之盗，其可耻实甚于娼。直有夫之妇，倚门卖笑耳。何则？世之娼盗，乃无告之民，以此为业者也。食人禄者当治人之事。换言之，即当为人御盗者也。今乃不尽其御盗之力，反自盗之，以破其邦家，坏其事业。则与有夫之妇，己以终身仰望于其夫。而乃倚门卖笑，破其家庭、坏其家风者，又何以异。世人以为娼盗子、子为娼盗为最可耻。殊不知己身一有盗性，一有盗行，则其父母有盗子，而其子女有盗父矣。天下伤心之事，有过于此者哉。吾国人素重家庭之清白，污及父母，常以性命相斗。今则贪一时身外之物，自污其父母并污其子女而不觉悟，真所谓大惑不解者矣。此就伦理上言之而必除盗性者又一也。

吾人生世，以立身为第一义。如何而能立身，则必其人有负托之信义，夫然后乃能立于社会之上。佛经谓偷盗常使人疑（见《智度论》）。夫吾人处世，而使常人疑，焉能安业而求进步也。夫挪移侵吞、欺骗诈伪、舞弊中饱、偷窃沾润等盗行，有一次败露者，有数次败露者，有十百次败露者。一经败露，则为国法所不容，社会所不齿。非羁押囹圄，即终身坎坷，甚至流为乞丐，饥寒而死。所得几何？所失几何？何如廉洁自守之心安理得，且可徐图进步哉。孰得孰失，何去何从。苟非痴癫，此种至浅之计算，必能了然于胸中。或以入不敷出为借口，殊不知人生世上，生活程度可高可低。苟不生活过分，奢侈消耗，饮食征逐，赌博冶游者，未见其入不敷出也。若其有之，则铜山金穴亦有尽时。吾将见其无论所入几何，将永不敷出也。吾国古训勤俭克家，今乃不勤不俭而欲以盗行克家，窃恐天壤之间，永无此辈容身之所。颠沛于生前，苦楚于死后，负累于来生，真所谓自作孽不可活。吾末如之何也已矣。此就立身上言之而必除盗性者又一也。

除盗性之法奈何。曰：无他。严人己之辨而已。苏东坡谓苟非吾之所有，虽一毫而莫取。充此精神，则盗性早绝于人世矣。家庭教育，首须注意于此。昔有盗将受死刑，诱其母而啮其乳。曰："吾儿时窃人鸡卵，母不加禁阻，反奖其能。自是吾日从事于窃，以至受死刑。吾今悔之不及，啮母以告世之为人母者：勿贪一时小利，而任小儿行窃也。"此盗虽大逆至愚，然其言可使为父母反省也。学校关系尤大，盖七八岁乃至十五六岁，实为一生荣枯所关。此时所习，真成自然。而儿童初与他人接触，人己界限，常不明晰。为师者苟不处处注意，防遏启迪，其患有不可胜言者矣。若夫成人，则应由社会制裁之。遇此等事，屏勿与齿。朋友之间，互相责难，互相监督，不可姑息而养害群之马，致害人以自害。然而为仁由己，决非由人。个人当觉悟盗性之害群害己，有则改之，无则加勉，以免身败名裂。若真入不敷出，当亟图支出之减少，幸勿丧人格而罹法网，将聪明才智牺牲于窃盗间也。盗性一除，人人有付托之信用，处处无暗耗之损失。将见事业日以发达，用人日以增多，各尽所长以活动于社会。不必行盗行，而财物自能获得。国家社会，胥以昌盛，岂不善哉。孔子治鲁三月，道不拾遗。无他。盗性除尽而人莫不知人己所有权之辨也。呜呼，财物琐屑之间，关系于国家社会家庭个人者如此之巨。有教育之责者，可不知所注意哉。

论我国亟宜振兴佛教

民国七年（1918）

佛法东来，二千余年矣。汉魏隋唐，称为最盛。然昌黎辟之于前，婺源攻之于后。于是自命为儒者，无不附而和之。近年风气渐开，更以迷信罪佛教，一若佛法有大害于国家者。呜呼慎矣。

彼辟佛之焦点，厥在僧徒不耕而食、不织而衣、出家舍世、无父无君。殊不知佛教之出家者，因欲修高尚之道行，不得不屏俗缘，净六欲，以一心修养也。岂令世人胥出家哉。若长者（谓心平性直、语实性敦、齿迈财盈者），若居士（谓广积资财或在家修道者），若优婆塞优婆夷（在家持不杀、不盗、不邪淫、不妄语、不饮酒五戒者，男曰优婆塞，女曰优婆夷），固皆非出家者也。姑以儒耶譬之。其在儒教，则僧徒者，作之师也；其在耶教，则僧徒者，教士神父也。儒教未尝令人人为师，耶教未尝令人人为教士神父，佛教亦何尝令人人为僧哉。况佛教伦理，主在报恩。一、父母之恩。是未尝无父也。二、众生之恩。分师长、妻子、僮仆、亲友四类。是未尝无家庭社会也。三、国王之恩。是未尝无国无君也。四、三宝之恩。三宝者。佛宝、法宝、僧宝也。佛宝之恩，崇圣也。犹儒家之祀孔，耶教之崇拜耶稣也。法宝之恩，尊道也。如儒家之宗六经，耶教之宗新旧约也。僧宝之恩，敬师也。如儒家之尚士，耶教之敬教士神父也。由是言之，佛教固兼入世者也。其出世间者，不过以处上士而愿修行者耳。佛固何负于国家社会哉。至僧徒不耕而食、不织而衣，亦犹夫儒之士，耶之教士神父。其理由孟子固已言之，无待余之喋喋矣。

或者曰：如子所言，则佛与儒耶固相同也。欲保我国之国粹，崇儒可矣。欲趋世界之潮流，宗耶可矣。何必冒不韪而提倡佛教也。则应之曰：唯唯否否。如子所言，果能行之无阻。则余非宗教家，固无所容心于其间也。然儒家陈义太高，又舍天道而不言，故可为一种教义，而不能作宗教用。欲其如佛之说因果、谈轮回、生极乐、堕地狱之浅显明切，老妪胥解，不可得也。耶与佛，其相似之点固多，然其精深之处似不及佛。益以东来年浅，译经陋俗，缙绅先生盖难言之。言语隔阂，民教未孚。普通人民，多不欲道。曷若佛教，有二千余年之教泽，国民强半之信仰（名为儒者，固明儒而暗佛。即基督教徒，其脑中亦多贮佛教教义。谓予不信，请试察之来生投胎及鬼神等说。基督教徒固时。露于言词中也）时其推行之难易，岂待言哉。余向者亦附和辟佛之一人也，今略究佛说，默察国情，觉任何宗教均不如佛教之适于我国，故宁舍彼而取此也。吾右所云云，不过就一时而立论，未足尽吾之意也。夫佛教岂唯适宜于我国，实适宜于世界所有之人类。其教义之精深广大，绝非末学所能尽窥。其慈悲平等苦行持戒等，他教匪不有之。然其说因果之圆满，则任何宗教未见其比也。夫欲知前因，今受者是。欲知后果，今为者是。寿夭苦乐贫富贵贱明阘美丑，皆自宿命所作，随善恶之自行而得。故佛之为教也，一切唯心，一切唯己。己心如何，己行如何，则其所获之果亦如何。运命悉依自业，非随自然，非有主之者也。其对于有过孽者，则以惭愧清净之。其有自力不足者，则以念佛之力，而佛为之超度，为之护佑。其修持之结果，则增若干净心，去若干玷污。一世不能成佛（即止于至善也），二世三世以至百十世，苟能精进不已，必有成佛之一日。盖人人皆具成佛之根性，特视其净业如何耳。以如此之教义，训迪世人。较之积善余庆、积恶余殃、末日审判、善升天国者，其获效自必不同。盖有犁牛之子骍且角、儿孙自有儿孙福两语，余庆余殃之说破矣。矧倒行逆施者，我躬不阅遑恤我后哉。末日审判之说，稍有智识者辄觉其事之必无，理之难信。况世界末日之有无，与其究在若干年后殊无可征。即在信其说者，亦觉其说之渺茫难稽。则根器稍劣者，又何所顾忌哉。依佛所说，果报之速近在一刹那间。远亦不过一世，乃至数世。而一身所作一身当，毫无假借之余地。苟稍知自爱者，安肯逞一时之私而种不可逃之恶因哉。吾故曰：佛教最适于世界人类也。

我国不欲有精神教育有宗教信仰则已。苟其欲之，则提倡佛教实事半而功倍。唯其下手之方，厥有二事。甄别僧徒、改良仪式是也。

有明以前，僧徒度牒，岁有定额。愿出家者，先为沙弥，研究经论，具有心得，受持善戒，行之有素，乃得出而应试。应试及格，始得为僧。前清世祖，开方便门，免除此制，僧徒乃滥。始则愚鲁之人，滥竽其中。继则暴徒罪犯，遁逃其门。僧为世轻而佛法愈坏矣。余向辟佛，故与僧徒素无往还。海内高僧，无一相知。年来渐有所识，其卓绝者类皆通三藏十二部为世福田者也。若能严传戒之途，宏教育之道，法师辈出，高僧时生。僧可坚世人之宗仰，俗可得沙门之教诲。佛教益以昌明，国民于以成德，不亦懿欤。

今之信佛者，徒知礼拜供养，徒知延僧拜忏，殊失我佛教化之本义矣。夫沙门法施，世人受法施者也。法施五事，成其信，成其戒行，成其多闻，成其布施，成其智慧。今世施者受者，于信与布施尚不能完全成就。至戒行多闻智慧，固毫未成之也。吾以为此后佛教信徒，不拘僧俗，当定期于寺庵宣讲。浅者讲因果戒行，深者谈精进觉悟。俾缙绅士夫、商贾工竖、学校生徒、闺中妇女，礼拜而敬听焉。必能化行俗美，祛无明而觉悟，成就超绝之人格。较之他教他法，其难易迟速，不可同日语矣。

今世教育家，固欲以精神教育，代俗恶机械之智育矣。精神修养之源泉，固归功于宗教矣。我国何幸而有此最光明之佛教，更何幸我国集佛教之大成。于此而不发挥光大之，坐令窃取我一二派剩义之邻邦，睨视于旁。岂不大可哀哉，岂不大可哀哉。

附言一　佛教以出家为上士修行之净地，实以抛弃一切，方能全持善戒，方易精进证果。即在今之叔世，高僧成就远过名儒。立志不纷，操行纯洁。他不具知，即如印光法师，始而辟佛，继而出家，驻锡普陀垂三十年，未尝下山。贯通经论，力宗净土。其人格之超特，真足令顽夫廉懦夫有立志矣。较之自命经师人师者，贪财枉法，逾检荡闲，岂可以道里计哉。

附言二　上所云云，余非辟儒也。所辟者，近世之小人儒耳。然儒有两缺点。一则以政治为本，非得政权，不能行其道。一则以养成君子为主，下愚则不屑教。唯其如是，故居叔世而不获政权，则儒亦无从化民成俗矣。佛则不然。凤与政治离缘，故无待于政权。教义有深有浅，深者固非常智所能窥，浅者则行持五戒，理说因果，口念阿弥陀佛，虽下愚亦可企及也。儒之教义，迈越各教。然必得政权，其效乃睹。不若佛之随时随地随人而适也。

　　附言三　上所云云，似吾于各教之中推崇儒佛，而蔑视他教矣。实则不然。无论何种宗教，苟能存于斯世，虽大小精粗不同，必有其独到之处。吾人先明某教教义，即崇奉之，各凭其良心，从其志愿。是即所谓信教自由也。余最近颇觉道教之精，然尤无心得，不敢言也。余虽不解基督教之精义，然曾究其兴盛之故，似有二端。其出世的，在神学教育之发达。其入世的，在与社会平行进步。如学校，如书报，如各种慈善事业，如青年会天文台，均能一方为宗教之健将，一方为社会之功臣。其发达也，不亦宜乎。

　　附言四　顷读日本新版《教育大辞书》印度教育篇，不禁废书三叹。兹节译于下。

　　印度信仰之宗教，以婆罗门为最多，回教次之。兹就西历一九一一年所调查，列表如下。

　　婆罗门教　　　　　二一七五八六八九二人
　　回回教　　　　　　六六六四七二九九人

佛教	一○七二一四五三人
锡克教	三○一四四六六人
希腊教	三八七六二○三人
犹太教	二○九八○人

婆罗门教义，以"世界万有之大原为梵天。世界万象，悉依梵天而成，以梵天为本体。故梵天与万象，形式虽各不同，而实际则一。梵天为清净，为真善，为真乐。世界万象反是。为秽浊，为罪恶，为苦痛。故人类之最高目的，当脱离此世界，而复归于梵天。否则不能享最大之幸福也。人类欲达此目的，必于现世忍受诸般苦辛。盖现世愈苦，则未来之幸福愈大也"。婆罗门教，自昔全盛。其后弊害百出，佛教乃兴，反婆罗门而揭出无差别平等之教义。释迦灭度后二百年，教义大行。南至锡兰，东及缅甸、暹罗、中国、朝鲜、日本。然在印度本土，则婆罗门教终未绝迹，其后又复大盛。说者谓今日印度殆全无佛教影响，非过言也。

吾译此段竟，有二感想。婆罗门以迷信而力求苦行，何以印人从者如此之盛。一也。佛教何以不能行于印度，抑以其人民非善知识欤。二也。吾国今日若不提倡真正高尚之宗教，任释老之旁门异道横行无忌，窃恐他日之流弊，尤甚于婆罗门也。言念及此，可为寒心。世之先觉，其亦留意及此乎。

附言五　吾于此对于宗教，又有二感想。其一则宗教信仰之推行，以渐不以骤。其二则宗教之信仰，由于遗传习惯者半，由于机会人力者半。盖渐则深入，骤则反是。发轫须机会，保守改进须人力。而遗传习惯，更有莫大之潜势力焉。犹太印度，虽为耶佛二教之发祥地，然其人力不足，故不克保守改进，而反盛行于本土之外。耶之西行，佛之东行，皆有种种机会。否则耶东而佛西，亦未可定也。至遗传习惯二者，大之可征之一国之信仰，小之可征之一家之信仰。离群而奉他教，离祖父而改信仰，无论何国，均居少数。其大多数固皆与群众与祖父，同其宗教者也。

明乎斯义，则佛教盛于我国而衰于印度，其故可深长思矣。我国向无具形式之宗教。佛教先入，且与我遗传习惯之儒家，无根本上之冲突，故不数百年而盛行。印度本有婆罗门教，其教义与佛适相反对，故佛虽一时骤见盛行，然不能划除婆罗门之根蒂，死灰复燃，亦固其所。然则自宗教史上观之，佛教之于我国，必有振兴之一日。盖我国二千年之遗传习惯，其中饱含佛教教义也。宋儒对于佛教，每慨乎言之。然愈慨乎言之，愈见其流行之溥。驯至儒家明揭辟佛之帜，阴汲佛教之流。无他，亦以佛教在我国源远而流长耳。

敬告中等学生

民国四年（1915）

（一）中等学生之幸福及责任

中等学生云者，较小学学生高一级之谓也。其别有三。曰中学校学生，曰师范学校学生，曰甲乙种实业学校学生。吾国教育，未臻发达。中等学校为数殊鲜。综计之，中学不过三四百，师范不过百余，甲乙种实业学校则仅七十余而已。平均每校二三百人，总计不足二十万。夫吾（国）人口四万万，青年子弟当在四千万以上。而肄业于中等学校者，不足其二百分之一，岂不大可哀哉。而诸君竟出类拔萃，不为彼二百分之一百九十九，而为此之一分。其境遇之可喜，责任之重大，更何待言。吾愿诸君念此而自警惕也。

抑更有进者。中等学校学生，大率为中流以上之子弟。下焉者虽天资学力均可优为，而因经济之关系，势不能不望洋兴叹。卒业之后，在中学生或进受高等教育，蔚为国家之栋梁；或出而应世，执中流以上之业务。在师范学生，则教育儿童，为将来国民之导师。在实业学生，则各就其所习专门之技术从事实业，小之为一家餬口，大之殖国家之富力。

较之未受中等教育者，相去奚啻霄壤。吾非谓未受中等教育者，不能具学识而膺上等职务也。特一则恃数载教育之力，一则恃多年奋斗之功；一则尽人皆可跂及，一则非才智毅力卓绝者不克出人头地，其难易岂可言语形容哉。诸君得父兄庇荫，勉为其难。仅恃数年肄业之力，遂能在社会上执中等以上之职务。其境遇之可喜，责任之重大，复何待言。吾愿诸君念此而自警惕也。

国家之成立，必有一种人为其中坚。吾国昔时之中坚在士。昔圣先贤之所立言，皆为士而发。政治上、社会上种种重要职务，皆为士所任。迨至晚近，政治上、社会上之事权，无一不在秀才、举人、进士、翰林之手，其非秀才、举人、进士、翰林者，尚须捐一监生以为进身之阶。僻小之县，一秀才监生，均可顶戴辉煌，俨然绅士。其非焉者，虽巨富大贾，不能厕身于士夫之林也。新教育兴，旧制斯废。其为国家之中坚者，须具普通之学识能力。其具此能力者，以中等学生为最易而最多。他日国家社会，将以中等学生为之中坚，可断言也。嗟乎诸君，果如何方可自淑其身而达此国家社会中坚之目的乎？

（二）人格之修养

立身社会之上，非有高尚之道德，康健之身体，则不能得社会之信用。耐心身之劳苦，而一事不能为，一业不能就，遑云国家社会之中坚哉。英吉利之教育，以养成人格为第一义，诚知所先务也。近年学校渐兴，教科亦有进步，然注意于灌输智能者多，注意于养成人格者少。殊不知道德沦丧，即使学贯天人，亦毫无价值。其才与学，不过以为济奸作伪之资料，害社会国家以害一己而已。况我国风俗，崇尚品行。文人无行，自古鄙之。言忠信，行笃敬，虽曰未学，亦可谓之学矣。故必智德兼全，始可谓之完人。苟不能者，宁德胜于智。盖德胜于智，尚不失为谨饬之流，虽不能膺大任冀大发展，而谨守固有余也。若智胜于德，其不流于邪僻者鲜矣。且德本于天性，谨守而善充之，无人不可为君子。知识须视天资，其能不能，与夫造至何种地步，均有限制。非如德之身体力行，其权操诸一己之心性也。品性高尚，复尽己之力以求智识，则大成小成，均可立身。舍德而言智，德固失矣。智之成就与否，尚在不可知之列。即使其能成为上智，而根本既失，亦不足取。况学问之成，原于勤勉。而非中心有主，无愧屋漏，虽曰勤勉亦有所不能哉。是德又为智之本矣。嗟乎诸君，学生之求学，固为求知识。然一经堕落，不唯为名教罪人，为社会不齿。即所欲求之学识，亦扫地尽矣。谓余不信，请诸君拭目以观。彼道德堕落之学生，学智迈人者有几。徒见个人身败名裂，家庭受其累，社会蒙其害而已。吾言至此，吾不禁为我青年前途危，尤为我国家社会前途悲也。

　　青年多病，论者或谓其由于功课之太重，勤勉之过度。以吾所闻，则均非是。质言之，青年之多病，均酒色二字为之。他种青年，非无溺于酒色者。然以劳力不劳心之故，其弊尚轻。若夫学生社会，平时既以酒色戕贼其身体。考试之时，复临渴掘井，深夜不眠，于是危及生命，或成废疾。即不尔者，亦复神志昏丧。考竣之后，学课随忘。嗟乎诸君。诸君幸有贤父兄，令其求学，复得种种机遇，以成其为中等学生，肩将来国家社会中坚之重任。而乃如此，试问子职何在？国家之义务又何在？即使诸君不知父母之劬劳，不知国家为何物，宁独不为一己计乎？道德高尚，心身泰然，可以立身，可以求学，可以康强，可以长寿。反是则为身败名裂，为学问荒疏，为疾病，为夭札。何去何从，何取何舍，三尺童子，亦知辨别。讵诸君而不知乎？吾敢决其不然也。然则诸君何以多数如是。曰其病根所在，不外贪一时之安乐，昵匪人之友朋而已。彼堕落之辈，当其为不道德之行为时，中心曷尝不知其为非，曷尝不受良心之裁判而泚盈于颡。其所以终致堕落者，则一时不能自制其欲念，与夫匪友之怂恿而已。余敢敬为诸君告曰：诸君苟欲不堕落，必须时时制止其欲念，交益友而远损友。如道德之心，尚不能完全制止其欲念，则运动以劳其筋骨，冷水浴以清其脑筋，固其体肤。不阅无益之书，不临非礼之地。苟能如是，吾可决其必不堕落。不唯不堕落，且可决其能成大器也。诸君勉乎哉。

（三）常识之涵养

中等学生，果需如何之学问乎？实今日众议纷纭莫衷一是之问题也。吾不暇细加讨论，且法令校章俱在，主校事者循而行之，学生循而受之。即有论列，亦非学生所能自主也。吾今所欲言者，即中等学生常识如何涵养而已。

常识之重要，近世学者，类能言之。大别为二：曰自然界之常识，曰人事界之常识。日月地之运行，风云雷雨之变化，动植矿之形态，人体生理之组织，均自然界之常识也。古代无此种知识，故孔子迅雷疾风必变，以及日月蚀之救护，旱潦之祈祷，乡村愚民更淫祀以求福。数千年来，率行不悟。而科举时代之极弊,驯至子弟不辨菽麦,遑云其他。此非无自然界常识之铁证乎?友朋社会之交际,婚丧葬祭之礼仪,物价之高低,舟车之交通,议员如何选举,租税如何完纳,书札如何缮写,邮电如何寄发,均人事界之常识也。吾国学生,仅知读书,于此种知识,不甚留意。驯至一出校门,茫然无所措手足。置身社会,多遭失败。究其原因,由于学问不足者固亦有之,而大半均由于无常识也。

常识与学问,似同而实不同。涵养常识与研究学问,更似同而实不同。今举例以明之。作出拟电之文字,出于学问者也。其格式称谓,以及措词之轻重,寄发之手续,则仅恃学问必不能行,非有常识不可矣。换言之,学问之为物,偏于理论或技术;常识之为物,偏于实际及应用者也。唯其如是,故学问可通于环球,常识必切于本国。唯其如是,故学问可求之异邦,常识必求之本国。非然者,学问即高,其如不适何(童年留学外洋,归国恒不适用者,即此故也)?

涵养常识,随在皆可为之,殊无一定之方法。吾今略举数端,不过助诸君入手而已。

(一)多阅书报也。寻常阅书,固可助学问之研究。然其对于养成常识之价值,实高于学问方面。所阅之书,如科学小册子,文学丛书,及处世修养、传记、游记、笔记等,均极有裨益。日用文件尺牍等,为应世第一武器,尤不可忽。杂志日报应选阅二三种。须自首至尾,悉心读之。即广告亦不可忽。尤当注意者,为杂志之论文,及日报之长篇记事。不可仅阅电报杂记及有趣文字(电报取其迅速。已入世者,最应注意。学生以明事之首尾为贵,故长篇记事最为重要)。

(二)多游历而注意观察也。知识之养成,多由耳目输入。然百闻不如一见，目之效用实远过于耳。观书用目，尚为间接，不如直接观察之有益。最好三五同学出外游历，始而本城镇，渐及乡村，渐及地方。沿途所见事物，留心观察，归而记之，或加以批评。记毕彼此交换阅看，以见各人所见之深浅，批评之当否。此举于自然界、人事界均有大效。苟能行以岁月，将来入世自无扞格之虞矣。

（三）留意师长及名人之谈话也。此举亦极有效，但须辨别其是非，明了其用意。如系有为而发者，尤须研究其原因。

（四）多赴讲演会游艺会也。此举有三益。听名人之讲演，观他人之成绩，可以裨我见闻。一也。见他人交际情形，可以研究交际之道。二也。可多得朋友，且可多见名人学者。三也。

此外方法，不胜枚举，要在自己留意而已。吾见中等学生多矣。即吾局职员学习员中，出身于中等学校者亦非少数。其最多数之缺点，不在学问之不足，而在常识之不完。即吾国旧日所谓阅历太浅也。然阅历之深浅，视历事之多少。其一方面增进经验，一方面增进常识，然非先有常识，则经验决不如有常识者之精深。何如于学生时代，涵养充足。他日出而问世，既可以减少失败，且可于同一时日之中，得深于他人之经验。是予所厚望于诸君者也。

学而时习之解

民国七年（1918）

《论语》开首记孔子之言，即为"学而时习之，不亦说乎"。朱子谓"学为效先觉之所为"，王子谓"学是学去人欲存天理，而自正诸先觉"。朱子程子训习，均有复习之意。王子训习为习此心，余读而疑之。依朱子之说，则与温故何异。且先觉非一人，效非一端，亦难一一而时习也。依王子之说，则学去人欲存天理，当习此心，学他事则如何耶。盖朱子以道问学为宗旨，王子以尊德性为宗旨，故其所说不同。然细按之，则二子均训学为效，其实质固相同也。

《说文》训学曰："觉悟"也。余以为此学字当作觉悟解。孔子之意，谓吾所觉悟之心得，时时习之，无一息之间断，则中心喜悦矣。孔子生知之圣，故能自觉悟。曾子学知之资，故有待于传。生知之圣，自觉而自习之，中心固属喜悦。学知之资，得师以所觉者传之而自习之，其中心亦必喜悦无疑。所觉所传者何，则一贯之道也。更以《大学》证之。学与传，均知止也。习之不已，则定静安虑得以次而程其功矣。故曰：或生而知之，或学而知之，及其成功一也。

近人讲静坐深呼吸者，谓不可五分钟忘致力于丹田。此语可为学而时习之说明。发明此理者，学也，觉也。得发明者之传授，传也（传有二：或得之于授，或得之于书）。五分钟不忘致力于丹田，则习也。夫学问之道，习最重要。苟无恒于习，传受者固不能真有所得。自觉者亦如浮云之过目，又何益于己乎。吾人既非生知之圣，又无学知之资，如略有所得，不捉拿定而时习之，不少间断，则义何从尊德性而道问学哉。成功之道，固莫过夫习也。然苟非一贯之道，则千端万绪，仅能不时温习，讵克时习之哉。

必有寝衣解

民国七年（1918）

程朱二子，不解寝衣为何物，谓为错简。当在齐必有明衣布之下，而训之曰："斋主于敬，不可解衣而寝，又不可着明衣而寝。故别有寝衣，其半盖以覆足。"

余少时读而疑之，屡以问人。此寝衣长于身有半，不知如何着法。终不得正确之解释，而余疑终未去也。后游日本，宿日光山中。旅馆之被竟有两袖，状如衣而长大如被。失声呼曰：此其寝衣耶。然不敢遽下断语也。归国后研究寝衣训诂，亦无所得。忽思及试检"被"字，视其训诂如何。则皇皇大书曰：被，寝衣也。心中大慰。二十年之疑窦，至此涣然冰释矣。必有寝衣者，谓孔子夜眠，无论冬夏，无间寒暑，必有被以覆体。不袒裼而卧也，长以身有半，则用以覆足而免掀翻受冷也。依此解释，意义极明。此条在此处，与亵裘狐貉，亦得以类相从，而不必疑其为错简矣。

父母在不远游游必有方解

民国七年（1918）

《论语》："父母在，不远游。游必有方。"近人颇引以为病。谓阻青年之壮志，消磨多少探险家也。吾意不然，细玩此三句语气，详察古代情事，当如下之解释。

子之事亲，天职也。男子志在四方，亦天职也。事亲而不出游，则如四方之志何。亲在而远游，则如孝养之道何。父母在不远游者，正提倡出游也，特以亲在而不可太远耳。然男子志在四方，士之游学，仕之朝聘，万无废止之理，则有不能不远者矣。于是孔子示之曰：游必有方。盖谓远游亦无不可，唯必令父母知其所适之方向耳。由此观之，孔子之意非侧重在不游，正侧重奖励出游，而为谋两全之方也。

古代交通不便，千里而来，已为不远。今世舟车四达，缩地之术殆什佰于古代。古之千里，殆如今之万里十万里矣。然古代非无千里以外之程，今世却无十万里以上之路。然则居今之世，无论何之，均无不可。特不可不令父母知其所向而终日悬悬耳。

如此解释，真所谓合乎天理，准乎人情者也。何从阻青年之壮志消磨多少探险家乎？兹更就孔子周游列国，以为证明。孔子弟子除子路等少数外，均少孔子二十岁至三十余岁。当孔子周游列国之时，孔子方五十六岁，颜闵诸子，正在青年而有父母者也。孔子如果以父母在不得远游为宗旨，则颜闵诸子承圣人之道统者，不先违圣人之道乎。孔子又何不恕之甚，而令人亲子远离哉。吾故曰：孔子此言，是奖励出游而谋两全之方，非阻人之亲在远游也。

孝道正义

民国七年（1918）

孝为吾国伦理之本原，然论者以为害国家者之罪魁。留美某君有"论吾国教孝之流毒"一篇，几视父母皆蛇蝎虎狼，一若共和国民，必反孝为仇而后可。实则某君以刺激过甚，于是摘取吾国世俗之谬说，视为吾国之天经地义而痛下针砭。其含至理精义之学说，则存而不论也。吾以为孝道在我国当绝对保存，不过条件上有所商榷耳。

吾国教孝条件之最著者，莫过孔子、曾子、孟子所说。兹录数节如下。

> 孔子曰：今之孝者，是谓能养。至于犬马，皆能有养。不敬，何以别乎。
> 孔子曰：小人能养其亲。君子不敬，何以辨之。
> 孟子曰：事孰为大，事亲为大。守孰为大，守身为大。不失其身，而能事其亲者，吾闻之矣。失其身而能事其亲者，吾未之闻也。孰不为事。事亲，事之本也。孰不为守。守身，守之本也。

孟子曰：世俗所謂不孝者五。惰其四肢，不顾父母之养。一不孝也。博奕好饮酒，不顾父母之养。二不孝也。好货财，私妻子，不顾父母之养。三不孝也。从耳目之欲，以为父母戮。四不孝也。好勇斗狠，以危父母。五不孝也。

孟子曰：父母俱存，兄弟无故。一乐也。仰不愧于天，俯不怍于人。二乐也。得天下英才而教育之。三乐也。

曾子曰：孝子之养老也，乐其心，不违其志。乐其耳目，安其寝所，以其饮食终养之。孝子之身终，终身也者。非终父母之身，终其身也。是故父母之所爱，亦爱之。父母之所敬，亦敬之。至于犬马尽然，而况于人乎？

曾子曰：孝有三。大孝尊亲，其次不辱，其下能养。

曾子曰：身，父母之遗体也。行父母之遗体，敢不敬乎？居处不庄，非孝也；事君不忠，非孝也；莅官不敬，非孝也；朋友不信，非孝也；战阵无勇，非孝也。五者不遂，灾及其亲。敢不敬乎？

以上所列论孝之说，其圆满实无待言。孝为百行之本，非虚语也。彼引以为病者，辄以"父要子死不可不死"为言。此吾所谓谬说也。不然，孔子责曾子受父杖，而有小杖则受大杖则走之语。是孔子并未许父之杀子，亦不许子之受杀也。论者又以"割股疗亲居丧毁身"为言，不知此更谬说也。《礼》曰："居丧之礼，毁瘠不形，视听不衰。"又曰："五十不致毁。六十不毁。七十（唯）衰麻在身。饮酒食肉处于内。"遍稽古昔圣贤，何曾有割股疗亲之言语与事实，亦何曾有居丧毁身之言语与事实哉。论者又以"九世同居"为诟病，不知此乃叔世励俗之举。古者父子异宫，别籍异财。而三代贵族子姓，且别为一氏，何尝有数世同居者哉。论者又以"丧葬之奢侈"及"蔽于风水"为病，不知此尤后代之陋俗。孔子曰：丧与其易也宁戚。风水则更不知始于何时矣。

吾以为孝道为吾国伦理特色，必当保存。惟谬说陋俗，必屏弃之。其保存之条件如下。

甲、尽力供养父母，无力者菽水承欢亦孝也。

乙、恭敬父母。

丙、父母有过，则和婉谏之，使归于正。

丁、努力为人，居处庄敬，治事忠勤，爱国信友。为官吏，则勤慎廉。任军役，则有勇知方。

戊、友于兄弟，和乐妻子，厚亲睦邻，恤老怜贫。

己、戒种种不正之行为。

庚、丧葬视家之有无。虽桐棺三寸，不封不树，亦孝也。丧服三年，照常治事。

辛、岁时致祭追念。

总之礼本于人情，不过仪节当随时变迁而已。其根本固与人类相终始也。

格物解

民国七年（1918）

《大学》之教八事，而以格物致知为始基。唯格物二字，究作何解，郑氏、朱子、王子各执一说，莫由确定。郑氏之言曰："格，来也。物，犹事也。其知于善深则来善物，其知于恶深则来恶物，言事缘人所好来也。"朱子之言曰："格，至也。物，犹事也。穷至事物之理，欲其极处无不到也。"其补《致知格物章》曰："即凡天下之物，莫不因其已知之理而益穷之，以求至乎其极。至于用力之久而一旦豁然贯通焉，则众物之表里精粗无不到，而吾心之全体大用无不明矣。"王子之言曰："格物如孟子大人格君心之格。是去其心之不正，以全其本体之正。但意念所在，即要去其不正，以全其正。即无时无处不是存天理，即是穷理，即是明德，即是明明德。"

郑氏之言，似致知在格物之先，知致而后物来也。朱子之言，过于穷极。物物格之，将终身不能毕，更何有时间以诚正修齐哉。且物之理也，繁赜深奥，以一人之智力，欲穷其极，实属不可能之事。宜王子格竹七日而病也。王子之言，是一种修养下手工夫，亦非格物本旨，且与正心相类。果如王子之言，则格物致知可以包括一切矣，何必继之以诚意正心哉。此皆吾人所怀疑者也。

吾意《大学》始教，首在格物。则格物之工夫，必非艰深难行者可知。窃以为所谓格物者，明事物当然之理也。即吾国旧说所谓知人情物理，新说所谓常识也。《文选》注引苍颉说，释格为度（入声）量，如释格物为度量事物之理，庶乎近是。

吾之所说是否正确，尚不敢下断语。假定认为正确，则《大学》八事之次序，及其下手之方法，可得而言焉。《大学》始教，欲令学者明人情物理。人情物理既明，则可致吾良知而斟酌取舍焉。吾认为当行者，则必出于诚意，毋自欺而慎其独焉。犹恐心有不存则无以检其身也，于是常察其不正而存心以修身。至是则一己之德成矣，乃进而齐家治国平天下焉。

今更引例以明之。赤子入井，必将溺死，人情物理也。明此理。即格物也。见赤子入井而动救之之念，致知也。救人出于本心，而非求人知，非纳交于其父母，诚意也。明知其为吾仇之子，不以忿懥而失我之心，正心也。卒救其人，则身修矣。然非了然于入井溺死之理，则莫由致吾之知而救之，更何有于诚意正心哉。故曰物格而后知至，知至而后意诚，意诚而后心正，心正而后身修。

孔子言为仁之目。曰：非礼勿视听言动。王子格非之说，似由此悟及。但孰为礼，孰为非礼，是格物致知功夫。勿视勿听勿言勿动，则非诚意正心不克行之也。能非礼勿视听言动，则身修矣。《大学》为入德之门，其所述入德工夫，秩序井然，平易易行。若解之过于艰深，反失入门之本义矣。

近人译理科为格致科，实属唐突古人。朱子所说，亦非如是。《大学》本旨，失之更远。吾人幸勿再用此名词也。

基督教徒之罪恶

民国八年（1919）

德国大生物学家黑智尔（按：今译黑格尔）著《宇宙之谜》一书。于人类之起源发育、灵魂之本质发生及灵魂不灭、世界之进化、宗教科学之关系等，论之綦详。主张一元的伦理，批评基督教，虽不免过酷，然有一段极饶兴味。兹节译之，以告吾青年。须知有此种种原因，故法国不惜以九牛二虎之力，使教会与政治教育分离也。

罗马教会"教士政治家"利用群众以男女居室为不洁之思想，煽动出家。曰：不近妇人，即为道德。实则基督降生二三百年间，教士不愿娶妻者甚多。其后谬说流传，遂以独身为义务矣。然中世纪以来，上等社会人士之妻女为教士所污者，不可胜数。彼等以为纵为恶事，一经忏悔均可免除，此事为社会大害。于是订教士蓄妾之例。又定教士使用之仆妇，须在四十岁以上。有某教士佣二女。一年二十四，一年十八。两人合计四十二岁。一置教堂，一置私宅。自认为较法定年岁尚长二年云。最重大之宗教会议，主教教士公然携娼妓出席。道德紊乱，一至于此。路德倡宗教改革以来，此风稍杀。然秘密行为，依然如故。德国诸联邦中，如波典、撒克逊等邦，屡于议会提议禁止教士持独身主义，不幸均未通过。驯至表面以独身为义务，以忏悔作恶行，贩卖免罪符，以启世人之不道德。此三者与原始之基督教并无关系，却伤基督教之道德。而教皇以此惑众，凭其权势以夺人民物质之利益，故不惜杜撰此污浊策略云。欧洲千百年来，受其害者不可数计。以异教受裁判而死及基督教战争丧身者，凡一千万人。因教会恶制度及教士横暴等，牺牲其德性，痛苦其良心，灭绝其家庭生活者，又不知其为几百万。某诗人歌曰：牺牲所用，非羊非牛。以人代之，不知其数。正可为此事咏之。

实业家之修养

民国四年（1915）

（一）

近数年来，风气渐开。群知非实业不足以立国，于是有志实业者，项背相望。然成功者什一，失败者什九。此其故何也？世界之上，卒业于实业专门者岁若干人，执事于工厂商店农场者又若干人，以小资本自营者又若干人。而此若干人之中，或失败焉，或埋没焉，或仅以自给焉，其能称为实业家者，千百中尚无一人。此其故又何也？或以为前者坐无经验而败，后者因无机会而不获发展，固也。然经验以积久而得，机会亦未必不偶遇。彼有经验遇机会而仍不获成功，或虽成功而不能久大，或能久大而不堪为训。此其故又何也？余尝渊渊以思，敏勉以求，得其所以然之故焉。一言以蔽之曰：无实业家之修养而已。

实业家果需何种资格乎？以余所见，勤俭也，正直也，和易也，安分也，进取也，常识也，技术也，经验也，节嗜欲也，培精力也，殆无一可以或缺。人苟能是十者，虽天资稍逊，未有不成功者也。十者缺一，虽天才卓绝，而能成功者鲜矣。有志实业者，曷以是而反诸躬乎？

（二）

事业成于勤劳，而毁于怠惰。生计裕于节俭，而窘于奢侈。古今中外不易之理也。假使有二人于此，岁入各百元。甲异常勤劳，主人青睐有加，岁入逐年加十分之二。甲性复节俭，储蓄岁入之半以作资本，十年之间不难积至四五千元。乙则随队操作，监督偶疏，则偷闲而嬉。主人初容忍之，三数年后，忍无可忍，遂致辞退。乙复不知节俭，入不敷出，终不免冻馁死亡之忧。以同等之人，十年之间相差如是之甚者，亦勤俭与否之别而已。况以甲之信用能力，尚可望不次之超迁。而乙无储备，更难堪不虞之意外，可不惧哉。岁入百元而用八十，可称富裕。岁入万元而用万一千元，可称贫困。见事勇为，劳而不怨。即使一时不见获益，而积之日久，未有不见效者也。彼美利坚之大富豪，辄以极贫苦之子弟，数十年间拥资数亿，力抗帝王。其原因虽不一，然勤俭二字固其主因也。盖实业界之人，初则以勤劳获资。迨有储蓄，则可以资本获资。劳力获资有限，资本孳息无穷。彼千百万元大公司之总理，岁入数千元至一二万元止矣。若有巨万资本，以吾国普通收息一分计：资本十万，岁入一万；资本百万，岁入十万。较之劳力所入，相去何止倍蓰。故非节俭储蓄，恃资本孳息，决无致富之一日。而发轫之始，赤手空拳，非借劳力所获铢积寸累，又无资本之可言。即富有资本之后，尤非勤劳不足以维持资本而孳息焉。彼大富豪之劳苦，固什佰于常人也。银行大王摩尔根，日事万几，殆过国家之元首。晤客至多不逾五分钟，其劳苦可知已。青年诸君欲置身实业界乎，慎勿忘勤劳二字也。

(三)

　　至于正直和易二者，尤为立身处世之要件。盖作伪舞弊，一经为人觉察，在个人则身败名裂，不能厕身社会。在商店则信用坠落，初时或稍获意外之利，积久终必无人过问。美前大总统林肯少时，傭于杂货店。有妇人购物，多给钱若干。林肯夜间结账，知其误，跋涉数里访妇人还之。该店业大昌，林肯信用亦渐著。吾国棉丝出品，每湿以水，冀分量之加多。外人初受其愚，今则多舍我而购他国之货。意日之丝，美印之棉，早夺我席矣。即使购我之货，亦必详审检查，百般挑剔。全国实业受其害，彼作伪者宁能独免乎？至于营私舞弊，干没侵吞，所获极微，而日久未有不为人所觉而不齿者也。夫贪一时之小利，至为人所不齿，牺牲终身之名誉事业，岂不愚哉。抑所得亦决不偿所失也。纵观古今成功之大实业家，未有不以正直著者。恒有朴讷之人毫无特长，仅以正直之故得人信用，致成大业。而才华卓越之人，身败名裂，甚或陷身囹圄，皆不正直之故也。恳切谦逊，人人莫不欢迎；乖张骄傲，人人莫不恨恶。若夫相骂相殴，更为下等社会所不齿矣。设有二商店于此，甲店和气迎人，无论购物多少，莫不和颜悦色，接待周到。即取阅多件，无论购否，毫无怨容。乙店反是，顾客稍事挑选，即怒形于色。如看而不购，更以恶词相加。试问购物者愿往何店乎？与人交际，以和为贵。平日与人相处，和易者人恒近之，傲狠者人恒远之。居下而和易，可免倾轧。居上而和易，可得人心。但不可胁肩谄笑貌为谦和耳。夫正直和易二者，行之至易，非有痛苦也。与彼不正直不和易者较，且可身心泰然。盖不正直则时时畏人知，精神之痛苦无穷。不和易则常与人龃龉，怨怒之损生尤甚。利害善恶，昭然若睹。何去何从，在自爱者之自择耳。

（四）

不满足者，人类之通性而文明进化所由来也。彼世人怀不满足之心，辄意兴阑珊，不尽厥职。更或寄情酒色，地位因以动摇。愈不满足而不满足愈甚，是不安分，不进取，非真知不满足者也。世界富豪，殆皆自觉不满足者，然其所以处彼现有之境，无不谨慎安分以保其地位，勤劳修养以靳其发展。信用渐著，资本渐多，能力渐大，自能渐次成功，以疗其不满足也。安分之道有三：一曰尽职，二曰忠诚，三曰忍耐。己所当为之事，竭尽心力为之。不计报酬，不求人知，尽职之谓也。主人之事，犹如己事，不敢漫视。主人之物，犹如己物，不敢漫耗，忠诚之谓也。艰苦安之，责难受之，待遇虽薄，冀其徐厚，事计万全，不轻进退，忍耐之谓也。人苟有是三者，不惟现有之地位不致动摇，主人未有不重视，同辈未有不钦仰，社会未有不敬慕者也。夫主人重视，可望渐次进阶。同辈钦仰，则进阶无人不服。社会敬慕，则人人欢迎，必无赋闲之日。有上进而无赋闲，名誉恃以隆，生计恃以裕，资本恃以储。大实业家之基础，立于是矣。近世之人，多目安分为无用，不尽其职而望上进，不求诸己而怨人之不我重视。何其偵哉。侥幸之事，可遇而不可求。彼求荣反辱求得反失者，皆不安分而冀侥幸者也。

虽然，可安分而不可自画也。世人每有安分守己，惟求保现有之地位，不冀大发展者，是志行薄弱，非安分也。世界进化无穷，人之造就亦无穷。非努力进取，不能登峰造极。非有登峰造极之人，则其国家社会永无由自振也。政治家努力进取以改良其群治，军事家努力进取以耀扬其国威，教育家努力进取以高尚其人民，实业家努力进取以充裕其生计。夫财为万事之母，无财则百事俱废。虽有政治家军事家教育家，而政治军事教育固莫由举。然则谓实业家为国根本可也。世尝以富豪专制为社会病，不知苟无富豪与欲为富豪之人，则利弃于地，百业不兴。彼恃富豪为生之若干万人，必无今日之幸福。天生才智之人，以为社会倡。苟无其人，则庸夫遍地，何事业之足云，社会国家亦必无今日之繁荣。苟人人欲为富豪，努力进取，实业未有不发达，国势未有不增进者也。进取之道有三：勇气、坚忍、准备是也。商战犹兵战，无勇气决不能赴前敌。床上初醒，一跃而起。此勇气也。嗜好来袭，一刀立断。此勇气也。出门旅行，风雪无阻。此勇气也。当为之事，立即为之。此勇气也。类此之事不一而足，皆非大勇者不能也。有勇气矣，如一鼓作气，再而衰，三而竭。则有始无终，安能成功。是非坚忍不可。日日早起，常拒嗜欲。寒风砭骨，不肯半途而止。今日之事，不肯留至明日，皆非坚忍不行也。有勇气也，能坚忍矣，然无准备仍不能成功也。《记》曰："凡事豫则立，不豫则废。"天下事未有无准备而能行者。不识字读书，不能作文字书札。不习算知数，不能任会计核算。乃至各种事业，无一不需要预习。苟非习之有素，即遇机会亦不能攫为己有也。常人每叹无机会，辄言苟有人聘我任大公司重职，或能升充总理者，吾其可以得志矣。然平日无充足之准备，安得有人知而任之。即使有人聘用，或积资可升总理，其如己之不胜任何。下章论常识、技术、经验，皆所以为准备也。

世人因限于天资境遇而不能进取，或虽进取而不能成功者亦不少其例。然非真不能进取成功，特未得其道耳。进取成功之道，首在择业。天资高下，性情宜否，与职业有莫大之关系。其宜者乐之不疲，成功自易。若择业不宜于己，徒以自苦，难望成功。不善筹画者，不可习商业；心思不细密手足不灵敏者，不可习美术手工。体格非极强者，不可习制铁开矿。此其彰彰者也。间有脑力薄弱之人，意志薄弱，不堪久用。然心理学者及医家恒言：此类之人，每日之中必有片时意思凝聚。苟利用此时，日日从事研究，脑力必以习惯而渐可耐用。且学业最忌间断，若每日一时永不间断，积以岁月，其成就亦未可限量。但患无志进取耳。苟肯努力进取，无业不可成功，无人不可成功。不过成功之大小迟速，须视其人之天才机遇而已。

（五）

吾国实业界人物最缺乏者，厥为常识。惟其缺常识也，故观察力不足。从事虽久而经验不如人之深，惟其缺常识也。故补助科学不足，习业虽专而技术不及人之精。

国民须有国民之常识，绅士须有绅士之常识，实业家须有实业家之常识。书札、算术、簿计、商品、实业地理、应用博物理化、外国语文、普通法规、财政学、经济学以及手工图画，实业家之常识也。若作文习字，若算术理科，若历史地理，则基本常识也。前者为实业学校通习之科目，所以养成实业家。后者为中小学校之主课，所以养成国民若绅士。

常识与经验技术之关系，可设例以明之。假使有二人于此同习商业。甲有实业地理、应用博物及图画之常识，乙则无之。于是甲于各地出产之多寡，物品之良窳，一望而知。有所见则图于手册，以便参证，且可示人。乙于地之东西水陆既不了了，物品良窳更浮光掠影，不得真象。以如是之二人，其所造就所经验，自必截然不同也。又设有二人于此同习机械。一有算术图画之预备，一则无之。其业之高下，亦自不同也。此指习业而言也。若夫社交应付，更为实业家成功之要件。交际之中，非有常识不足以资谈助，且不能了解人之言论，即无由与人接近。夫不能与人接近，不能与人谈论，而欲得人之助，得人之与我交易不其难哉。此社交之需常识也。营业之事，各方面均须应付。簿计书札，为日常所必用者无论已。诉讼之于法律，国际贸易之于外国语，虽可倩律师辩护，舌人通译，然如丝毫不解，不惟恐受人愚，且无由操纵指示。况偶遇之事，仓卒之间，有不能待他人之我代者乎。曩者中华书局觅总公司屋宇，寻觅多处无相当者。一日于无意之中，见一英文招租告白。循其地址求之，遂即租用。向使不解此区区数语之英文招租告白，则此屋必不能租用。某日发行所有书箱二寄旧金山，而书由新加坡转运，为某君所见，令将新加坡字样删去。向使不为某君所见，则周折不堪矣。此类之事，吾国实业界数见不鲜，实为吾国实业家无常识之确证也。一事之不知，一字之不明，于是事务濡滞，经费虚耗。有形无形之损失，殆不可以数计。故实业家当力求常识，习应用学术，方可以达其发展之目的也。

各种农工商业，皆有其特别技术。主一事者须解其事之技术，制一物者须精其业之技术。譬之书法，同一笔墨，而作字之优劣相去天渊。无他，精熟与否之别而已。

世人对于自己专任之技术，尚肯研究。同类之事，非己专任者辄漠视之。此大误也。盖同类之事，虽非己之专责，然与己之专业未尝无直接或间接之关系。更或代理他人，或迁调他职，皆非储之有素不可。然只可以余暇留意，如舍己之专门技术而朝此暮彼，必终于一艺不能精也。

有常识矣，有技术矣，然如无经验，仍不能免失败。吾国人经营新事业，什九失败。虽多由资本不足，经营不善，然经验缺乏实其最大原因也。吾国人有二误会。一则以为文人万能，一则以为留学毕业即可应用。殊不知文人万能，在昔时无教育无物质文明之时代，文人天资思想较胜于常人，故无论何事，辄以文人任之。然多偾事而少成功，反不如毫无学识之工商家纯恃经验者，尚可较有把握。今者外商竞争激烈，尤非无经验者所可侥幸成事也。专门大学毕业，不过明学理及当然之法术而已。运用不熟，手目心思皆未精练，以任助手尚不能必其胜任，欲举全局付之，几何其不失败也。范君静笙告余，谓曩者参观日本银行。总裁某君曰：吾行最重经验。大学卒业之学士，仅可供使役缮写而已。从可知实地练习之重要矣。盖上焉者以学理为基础，经验愈深，能力愈大。次则无学理而有经验，尚可以经验所得循规蹈矩为之。若无经验而仅有学理，即使不至纸上谈兵，而以事业为试验品，不能不为资本惜，尤不能不为实业前途危也。事业愈大，所需之经验愈多。语曰：隔行如隔山。言甲业之人，无乙业之经验，则如山之阻而不能行矣。如何可得经验乎？此实业界所亟愿闻者也。吾意约有三端。择定一业，努力为之，不轻改业。一也。事事留心，为有系统之研究。二也。肯偏劳。三也。世人每不欲多作事，殊不知多作事即可多经验，益于人者有限，益于己者无穷。尝读各国大实业家传记，当其未达之时，未有不役于人，更未有不多偏劳者也。

（六）

嗟夫，吾言及嗜欲精力二者。吾对于吾国实业家，不禁慨然也。吾国实业界人物，曾受教育者固鲜，能自修养者亦不可多觏。谨饬之流，类能硁然自守，不肯逾闲。通脱之人，实偏于徇嗜欲耗精力之途。广置姬妾，兼蓄外妇。狎邪赌博，一掷千金。此外玩物丧志，耗黄金于虚牝者，不一而足。而健康亦因之受损矣。大厂店之所以多亏折，鲜发达者，未始不由于此。盖迷途既入，不免神志昏而精神损，荒嬉多而励精少。其事业之受害，岂待烦言。此就有身家者言之也。至若寻常店友，所入甚微，亦复随流征逐，或乐而忘返，或勉撑场面。卒之亏空款项，遗误事机。小之一生无发展之望，大者有身败名裂之忧。嗟乎我同志，嗜欲与精力不相容，尤与成功不相容。天下多嗜欲之人，未有康健福寿者，亦未有能成大功者也。

饮食男女，人之大欲存焉，人安可以无欲。人苟无欲，则无希望，百事皆无人为矣。然天下之事，适合为善，过则为恶，故嗜欲不可不节也。男女之欲，限于家室；饮食征逐，限于酬酢；车服狗马，限于自己之身分。第能如是，则可以立身，可以宜家，可以健体，可以成业。

人既含生负气，自无不具精力者。然精力有大小。先天强者精力固大，而不善培之，必渐趋于小而至死亡。先天弱者精力固小，然善培之，可渐变为大而体魄日健。余先天不足，儿时多病。二十以前，体极虚弱。属文一二小时，必卧眠以休息。读书稍久，即疲倦不堪。近十年来，实行节嗜欲培精力之道，身体渐强，疾病既少，亦堪耐劳。每日操作至十时以外，尚不觉疲。余之逐日生活略如下。

朝六时半至七时半起床。（视天气寒暖及夜归迟早略有不同）冷水浴，漱口，约半小时。

出外散步，深呼吸，约半小时至一小时。如起早或散步乡村。

八时至八时半早膳。牛乳一中碗，面包或饼干三四片。

九时前后至厂。（如延见宾客或往访友人则稍迟）

十二时半午膳。食米饭一中碗，荤素菜约一中碗。饭后出外散步，天热则静坐或稍眠。

午后至发行所。如有酬应，普通以七时至九时前后为度。

晚膳食量与午膳相仿。

七时半至十时返寓。如系九时前返寓，约读书一小时。迟则否，仅取当日之《申报》《时报》复阅一过，或读小说数页而已。间有特别应酬迟至十一二时返寓者，然月不过一二日。

十一时前后就寝。就寝之前，五月至十月冷水浴。漱口。冬季则冷水擦身，漱口。

星期日午前省视吾父母，或访亲友。午后或治事，或游散，或酬酢。间亦作极小之挎蒲戏。

卫生之道。早起，少食，运动。助以空气、日光、冷水而已。兹略述其法与理如下。

早起 早起可吸清新空气。且可令早膳与午膳有一定之时。而午前神思清越，治事不甚倦。故为卫生立身第一要务。特早起必先早眠，尤须养成一醒即起之习惯。

少食 五六年前，余食量甚豪。早起食面两碗。午膳晚膳食米饭辄两碗半。午间尚须小食。然消化不易，常患腹疾，时时嗳气，口有臭味。后信仰少食之说，于是减食过半。初数日颇苦饥，一星期后遂习惯矣。自是肠胃病大减，口亦无臭味。盖食量须与消化之力相称，否则消化不足而疾患生矣。

运动 运动可以活泼筋骨，清新血轮，为益甚大。运动之法，以体操游戏散步为最佳。沐浴之摩擦，亦可运动身体。体操之效最大，但无趣味，难持久耳。

空气 人之于空气，犹鱼之于水，得之则生，失之则死。利用空气之法有三。野外散步，一也。深呼吸，二也。多开门窗，三也。深呼吸之法，坚闭其口，以鼻吸气约数分钟。至不能容时，方徐徐吐之。此法可以健脑及肺。久习之，必无肺病。

日光 日光可杀霉菌，又可以清血轮。无论动物植物，大概皆恃日光生活者也。利用日光之法有三。（一）衣物时时曝之。（二）多开门窗。（三）多出外。

冷水 冷水之为用极宏，但吾人不明其用。辄视如蛇蝎，亦以吾国水多不洁之故也。吾国自来水既不发达，滤水缸亦不能各处皆备。饮用冷水，实多危险。不如仍饮沸水之为愈。

惟冷水浴或冷水摩擦，苟行之得道，实无害而有益。盖冷水浴可令皮肤坚固，血行迅速。故行之日久，能健体魄，治百病。丁君福保以之治肺疾，陈君颂平以之疗胃肠、癣疥、脑弱等病。余自行冷水浴以来，觉体渐强健，胃肠伤风等患大减。窃敢保证此法，毫无流弊。惟下列数点不可不注意。

（一）试行之始，须在夏季。先用冷水湿手巾摩擦全身，再用燥巾摩擦其皮肤，至发红止。

（二）冷水摩擦既惯，可行冷水浴。解衣之后，跃入浴盆，以两手划于水中，令其振动。冬日以一二十秒时为度。夏日约五分时为度。浴毕先以湿巾擦之，再以燥巾擦之。

（三）当令人或隔夜将浴具冷水备好，起床之顷，立即行之。如往浴室，须着衣服以免受寒。

（四）摩擦须令极干，勿令留丝毫水气。

（七）

余文毕矣，实业家修养之道亦毕矣乎。曰：未也。未毕而余言止于是，何也？曰：实业家修养之道，余未能具知。即所知者，亦未能尽达之于笔也。读者欲研究实业修养之道乎，请读实业家之传记及立身卫生之书籍。

教育文存卷二终

 卷三

我对于国音国语的意见

民国十年(1921)

国音和京音

近来有许多人对于国音和京音,国语和京语,争论个不休。我以为理论和事实应该分别清楚。照理论说,以京音京语做国音国语,不但名正言顺,而且省了许多事,岂不很好;照事实说,却不是这样。第一:北京音的大部分是普通的,小部分却是不普通的,这一小部分不普通的音改成普通音,在北京人并不十分为难,全国大多数的地方却省力多了。第二:语言进化,一定是混合许多种的声音和词类成功的,现在各国的语言,没有不混合别国的声音和词类的,我们为什么要用纯粹的京音京语不许修改呢?如果要用纯粹的京音京语,一定先要断绝北京的交通,否则总不能免混合,总不是纯粹的京音京语了。试问这种办法,事实上做得到做不到?理论上通不通呢?第三:现在的京语京音,已经有许多地方和各省语言外国语言混合了。我在北京听见过中下等人说"手续可以省些""香肥皂","ㄙㄛㄧㄞㄤ"这不是混合的明证吗?我有一家亲戚,在北京住了多年,他的子女都能说北京话,但是各人说的有些不同;细细考究起来,一个是十二三岁入清华学校的,所以说话和普通话相近;一个是在高师附属的,因为高师附属的教职员有许多天津人,所以有些天津话夹在里面;一个顶小的女孩,他的奶妈是北通州人,所以带点京侉子的声音;严格的说起来,真正的京话京音究竟在哪里?——只有永不出门并不和京城以外的人结婚做朋友的老人、妇人,方才是纯粹的京音京语。——第四:前清时代官场说京话的很多,但是他们所说的也不是纯粹的京音京语。从前做官还可以说不纯粹的京话,现在做国民,何必一定要说纯粹的京话,不替全国大多数图便利呢?

　　我现在举两个例请大家对照看看,学过注音字母的再对照读读,究竟赞成那一种,不妨写信给我,我将来列成一表,给大家看。

京音京语

你们掌柜的上哪儿去了?

上北京去了。

十个子儿是一吊钱。

一个饽饽要几个大?

星期六您在宅子里吗?

星期六我要去逛先施乐园,恐怕不在宅子里

国音国语

你们的经理先生往哪里去了?

往北京去了。

十个铜元是一百钱。

一个饽饽要几个钱？

星期六你在家吗？

星期六我要去游先施乐园，恐怕不在家！

（**注意一**）快乐的乐，京音ㄌㄠ，但是乐园却不读ㄌㄠ园，仍旧要读ㄌㄜ园。

（**注意二**）上面所举的例，国音国语全国大多数的人都可以懂，北京人更没有不懂的，京音京语就不能叫各处多数的人懂了。

（**注意三**）我曾经研究京音京语为什么和大国语区域不大同呢？因为前清建都于此，满人说的国语不甚正确，后来汉人反学满人不正确的话，所以后来变成满人的京话好，汉人的京话差了。前清只二百多年，他的势力还没有养成，所以一出京城，就变样子了。这和宋朝南渡建都杭州，杭州城内变成相近的中州语，是一个很好的比例。

理想的国语——国音京调和普通合论理的语法

照前节所说，不是京音京语应该排除吗？这却不然。依我的意见，不但不必排除，而且还要利用。不过我的主张是修正京音京语拿来做国音国语，不可把纯粹的京音京语拿来做国音国语。

我理想的国语有三种条件：

（一）读音依国音——就是拿河南、湖北、四川等处的音和北京读书的音，修改京音不普通的一部分。

（二）语调用京调。

（三）语法词类要普通要合论理。

（一）的例：

（北）读ㄅㄛ，不读京音音的ㄅㄟ。

（六）读ㄌㄨ，不读京音的ㄌㄧㄡ。

（乐）读ㄌㄛ，不读京音的ㄌㄠ。

以上是国音京音不同的。

〔早起开门扫地。〕

〔今天天气很好。〕

〔他在做什么？〕

以上是国音和京音完全相同的。

（二）的例：

声调要口头说明，文字是表不出来的。前日我和李默非先生谈到这个问题，李先生说："京戏是国音京调，只有太监出来是京音京调。"我不喜欢听戏，一点都不懂，不过戏上有一句话我还记得，他们说："我的儿啊！"是国音"ㄫㄛ　ㄉㄧ　ㄦ　ㄚ"，不是京音"ㄨㄛ　ㄉㄜ　ㄦ　ㄚ"。不过他们的语调却仍旧是京调，这是国音京调的一个好例。

（三）的例：

（往哪里去？）不可用京语（上哪儿去？）因为"上"字是上下的上；如果作"往"字解，是不正确不合论理的。

"你"作第二身代名词，又普通又平等，京语的"您"字是一定不必用的。

上面两个例是说京语不可用的。我并不是看不起京语，别处这种不可用的话还多着呢！现在再举两个例：

"喝茶"一定要用京语（北方和西南大致相同），不可用南方的"吃茶"，也不必用广东的"饮茶"。

"谁"一定要用北京和北方通行的"谁"，不可用江南的"ㄙㄚㄍㄣ"。但是用西南的"哪个"也可以的。

（附注）我疑心满洲入关的时候，满人不会说"你"，变成"您"，后来勉强会说了，但是仍是"您"的声母，所以你字的音作"ㄍㄧ"，现在普通平等说话仍旧是"ㄋㄧ"，把"您"字当作恭敬语，一定是当时恭敬旗人的，和不说"是"（yes）却是说"ㄓㄚ"是一样的。

我理想的国语是国音京调和普通合论理的语法，但是这种理想一时未必能成事实。现在第一步，只求读音能大致依着国音，语法力求其普通合论理，也就可以做国语统一的基础了。

国语教育的目的

国语教育的目的，在统一国语，言文一致，那是不必说的了。但是这是正式的永久的目的，现在第一步的目的，只好退让些。我以为国语教育应该分为三步：

第一步　叫儿童依着国音读书，平常说话在不能用国语的地方，不妨听其自然。儿童从小读惯国音，听惯国音，将来出外不怕他不会说蓝青国语。

第二步　说话读书都用国音国语，不必问他是什么腔调。现在的普通话语调，各处不同，听起来却大致可以相通。尽管让他说北京国语,南京国语,湖北国语,四川国语,没有什么要紧的。

第三步 要用我理想的国语,所谓国音京调普通合论理的语法了。

这三步程度,在狭义的国语区域(指北京、东三省、河南和山东、山西的大部分),可以就从第三步着手;在广义的国语区域(陕西、甘肃、四川、贵州和云南、广西、湖南、湖北、安徽、江西、江苏的大部分,浙江的杭州),可以先从第二步着手;其余非国语区域,不妨先从第一步着手。第一步目的达到之后,一变就可以到第二步,第二步目的达到之后,更不怕不会到第三步了。现在教授国语国音的人,常常互相攻击,甲说乙不对,乙说甲不对,这是大可不必的。

(附注)我国的语音依我的分区,大区域有六个:第一狭义的国音区域,第二广义的国音区域,第三太湖区域(包括江南浙江除杭州、南京、镇江),第四广州语区域(广东西中两部,及广西东部),第五福州语区域(福州附近),第六潮汕漳厦区域。这六个区域离国语一步远一步,此外第二等的区域很多,比较有力的是太原、徽州、温州等。贵州广西的苗语,更是例外的例外了。

就华侨而论,美洲以广州语为主体,暹罗以潮州语为主体,南洋各处则广州、福州、漳厦潮汕之语互为消长。现在闽广两省的人和各处的华侨,能说国语的渐多,所说的近于国音,远于京音,这也是我们应该知道的。

以人力整顿言语和国语的价值，我还有一个好例，就是江西的赣州现在所说的话，简直是国语，和江西全省的话都不相同。据说是王阳明在赣州时候教化的，他的力量和南京杭州建过都的不相上下。教育家看了这事，对于国语怎么不应该发愤努力呢？

研究国音国语的方法

国音国语是人人应该学习的。经商的做官的一定要会说国语，那是不必说的；农夫工人也应该学习国语，和人家接洽，才不致误会吃亏；至于教员，更应该学习国语：现在国民学校已经把国文改成国语了，高等小学是言文互用，将来学校用语，一定是国语无疑；如果教员不会国语，不但不能教授功课，并且不能在学校里开口！

现在应该学习国语的人总有几千百万，那里去找这许多教员呢？我以为现在学习国语不妨退让一步，只要学会注音字母，念熟几百句普通话，就可以自己用功了。我姑且把我认为最便利的方法写在下面：

一、字母拼音，要请人口授，或用国音留声机片自习。

二、几百句模范语，要请人口授，或用国音留声机片自习。

三、把字典里面常用的字做两种记号。假定用红蓝两色铅笔，国音和乡音同的点红点，国音和乡音不同的点蓝点,把蓝点的字摘出熟读,务必记牢。

四、一面取小学国语读本和他种国音书阅读;一面取未注音的书自己注音,注好之后,检查字典看看注的对不对。

五声

五声是国音上的一个大问题,点声和不点声,都有理由。双方的说话,现在姑且不讲。我从前是认不点声为是的,后来试验的结果,方知道不点声是不行的。因为有许多字音相同的,他的分别全在五声。现在举一个例给大家看看:

ㄊㄧㄢ边上有ㄍㄡ和ㄌㄨ

"ㄊㄧㄢ"到底是"天"是"田?"不点声却分不出。如果用点声法:不点是阴平是天字,点阳平就是田字,这里是应该点阳平的,像"ㄊㄧㄢ"。"ㄍㄡ"到底是"沟"是"狗"?"ㄌㄨ"到底是"路"是"鹿"?不点声是不明白的。如点成"ㄍㄡ""ㄌㄨ"就晓得是"沟""路";如点成"ㄍㄡ""ㄌㄨ·",就晓得是"狗""鹿"。

ㄉㄠ ㄉㄠ ㄉㄠ——ㄊㄧㄢ ㄌㄧ ㄋㄚ ㄉㄠ ㄅㄚ ㄉㄠ ㄎㄢ ㄉㄠ(盗到稻田里拿刀把稻斫倒)

这一句如不点声,他的阴平是"刀",一共六个"刀"字,不知道是什么意思了。

教育部颁布正式《国音字典》,已经预告要点声了;教会里做的印书机和印出来的书也都点声:可以证明不点声不行。所以不行的缘故有两个:

（一）就注音读，不知道是什么字。

（二）汉字旁注了音，不点五声，仍旧读不准。

（一）例已经举过，现在再举两个字做（二）的证明。

行"ㄒㄧㄥ"

妻"ㄑㄧ"

夫"ㄈㄨ"

这一类的字是同音有两声的，如不点声，"行为""品行"的行字，只好读成一样的声音了。

蟹　鞋　邂　骇　懈　械　"ㄒㄧㄞ"

这许多字都是同音的，如不分清楚五声，只好都念成一样的声音了。旁边虽然注音，仍旧读不准。

五声怎样辨别，也是一个问题。南方人对于阴阳平弄不清楚，北方人的入声和平上去相混，这怎么好呢？我以为这都不甚难，现在先把阴平阳平的字举出些来：

阴平	阳平	阴平	阳平
衣	姨	乌	无
迂	鱼	妻	齐
呼	壶	区	渠
赊	蛇	胎	台
胚	赔	绥	随
抛	袍	敲	桥
忧	由	秋	酋
翻	凡	烟	言
川	船	鸳	圆
分	坟	钦	勤

温	文	荀	旬
昌	长	央	羊
汪	王	窗	床
烹	朋	厅	庭
风	逢	兄	熊
痴	池	疵	慈

入声怎样分别呢？韵母（介母包括在内）里面只有一ㄨㄩㄚㄛㄝ有入声，结合韵母只有一ㄚ 一ㄛ 一ㄝ ㄨㄚ ㄨㄛ ㄩㄝ有入声，读的时候只要读得短促，就成入声了。现在举几个五声完全的字做个例：

衣	姨	椅	意	一
乌	无	五	误	屋
迂	鱼	雨	遇	育
奢	蛇	捨	舍	舌
梯	啼	体	替	踢
呼	壶	虎	护	忽
鸦	牙	哑	亚	鸭
拕	驼	妥	唾	托

ㄞㄟㄠㄡㄢㄣㄤㄥ八个韵母，都没有入声。ㄜ母只有入声，没有阴平阳平上去四声。我研究其所以然，知道照旧四声调起来，这八个韵母的入声，大多数变成ㄜ母，所以这八母没有入声，ㄜ母只有入声。（有些没有入声的是没有字，并不是没有声）所以这样的缘故，因为旧四声的入声变韵母，国音的入声不变韵母。现在再举几个例：

孩	海	害	黑
梅	美	媚	墨

滔	讨	套	特
抽	丑	臭	拆
单	胆	旦	德
痕	很	恨	黑
汤	帑	荡	特

亡母只有入聲，所以只要会读亡母，那入声自然读得来了。

照这样研究，阴平阳平入声都没有什么困难。照我理想的五声如左：

阴平　用京音

阳平　用川楚音

入声　用宁杭音（太湖流域的入声太促）

上声去声各省大致差不多，不过韵书上的浊上，现在都变做去声了。比方"上""下""道""绪"等字，本来是上声，现在全国都念去声，是一定要改的。

五声这样复杂，教授儿童怎么样好呢？我以为五声的名目，可以不必告诉儿童，只要叫他们晓得怎么点就怎么读。比方：

一	读衣	一丨	读耶
一	读姨	一丨	读爷
一	读椅	一丨	读野
一	读意	一丨	读夜
一	读一	一丨	读叶

初教的时候，叫儿童记着怎么点就怎么读，像我们从前读书的圈声一样。从前读"行为""行伍""品行"的行字，一个不圈，一个圈平声，一个圈去声，我们读的时候，只认作圈是记号，那里管他的平仄呢？但是不圈就要读错，因为怎么圈怎么读，是记得的；没有圈要晓得应该怎么读，儿童是没有这

种辨力的。所以五声不必讲明，却不可不点声。

点声的方法有两种：

第一种　尸卄奢　尸卄蛇　尸卄捨　尸卄舍　尸卄舌

第二种　尸卄　　尸卄　　尸卄　　尸卄　　尸卄

两种的不同，就是第一种以韵母为本位；第二种以全体为本位。阳平和入声点的地位，两种相同；上去二声点的地位，便不同了，这两种方法都可以通用。

国语国音和京语京音

民国十年（1921）

（一）为什么要国语

为什么要国语？答案有两大理由：

甲，统一语言
乙，言文一致

用什么方法统一语言？答案如下：

定标准音——要正确，鲜明，简单。

用什么方法做到言文一致？答案如下：

定标准语——要近于文言，而且便于口说。

上面所说的答案，大家承认不承认？如不承认，请换一种答案；如果承认，我们就可以讨论"京语可作标准吗"的问题了。

（二）国音是整理过的京音

国音和京音，有什么分别呢？现在争论的焦点，在几个字音的不同。黎劭西先生说："……他们有说话的土音，有读书的正音……入声各字中，北京音实在变得太麻烦了……"（国语中八十分之一的小问题）我觉着黎先生的话，还没有真正搔着痒处。现在京音派不承认北京读书的音，你和他说正音土音，问题更加多了；他们以为北京的入声，都变音了，且以为非此不漂亮；你和他说入声变了，正中他的下怀。我现在有几个例，可以证明国音是整理过的京音。

（例一）我的目的和你的目的不同

北京人说话："我的""你的"的"的"，读ㄉㄜ。"目的"的"的"，读ㄉㄧ。

"的"字的音，我主张一律读ㄉㄧ。因为如果一律读ㄉㄜ，于是"目的"要读ㄇㄨㄉㄜ，北京人也不懂了。如果一面读ㄉㄧ，一面读ㄉㄜ，于统一语言，言文一致，很有妨碍。我主张"的"字读ㄉㄧ的理由有三种：

第一，北京人说近于文言的话，"的"字读ㄉㄧ不读ㄉㄜ。读书识字更不必说了。我敢断定写一"的"字，问北京人，他一定说是ㄉㄧ字，决不说是ㄉㄜ字。

第二，"的"字如果ㄉㄜㄉㄧ两音并存，不但各省的人弄不明白，就是北京人读语体文，恐怕也有弄错的时候。为标准音正确鲜明简单起见，只好用一个音。

第三，主张京音的人，以为"的"字说作ㄉㄜ音，是很普通很漂亮的北京话，应该用ㄉㄜ音；那么，"目的"一定要读ㄇㄨㄉㄜ了。试问北京人承认不承认。

结束　（1）京音"的"字有ㄉㄧㄉㄜ两音。（2）近于文的语类读ㄉㄧ，否则读ㄉㄜ。（3）我们要统一语言，只好选一种音。（4）我们要言文一致，所以选近于文言的一种音。（5）ㄉㄜ改为ㄉㄧ，北京人非不可能；"目的"如读作ㄇㄨㄉㄜ，连北京人不懂了。

（例二）六合县来了六个人

京音"六合"的"六"读ㄌㄨ，"六个人"的"六"读ㄌㄧㄡ。

（例三）他只念过一部《小学》和一本《学而》，就想考高等小学，那是不行的。

京音"小学""学而"的"学"读ㄒㄧㄛ，"高等小学"的"学"读ㄒㄩㄜ。

我们就京音定标准音：如"六"定为ㄌㄧㄡ，"学"定为ㄒㄩㄜ；恐怕"ㄌㄧㄡ合""一部小ㄒㄩㄜ""ㄒㄩㄜ而"北京人也不懂了。所以我想北京人就北京音定标准，一定用近于文言的音，"六""学"总读ㄌㄨㄒㄧㄛ，未必读ㄌㄧㄡㄒㄩㄜ罢！

（三）京语的词类做标准语要加选择

主张京语的人，以为京语的词类如"耗子""取灯儿"

等类，不妨采作标准语。我以为如果北京只有"耗子"而无"老鼠"，只有"取灯儿"而无"火柴"，那也不妨定"耗子""洋取灯儿"为标准语；但是实际上并不如此，北京的确还有"老鼠"和"火柴"，别处却无"耗子"和"洋取灯儿"；标准语用"老鼠"和"火柴"，北京人未必不懂，何必迁就北京的俗语，叫全国生许多困难呢？况且北京人并不承情，他说到近文的话，一定不用诸位迁就他们的标准语，要用我们理想国语的标准语，诸位又何必费力不讨好呢？

我现在举几个例，请大家平心静气的研究研究。

（国语）

直隶火柴公司的火柴做得很好。

铜元局每天可以做几十万个铜元。

我的零用钱完了。要买火柴没有钱，请你给我六个钱。

（现在的京语）

直隶火柴公司的洋取灯儿做得很好。

铜元局每天可以做几十万个子儿。

我的零用钱完了，要买洋取灯儿没有钱，请你给我六个大。

（以北京土语为标准的统一国语）

直隶洋取灯儿公司的洋取灯儿做得很好。

子儿局每天可以做几十万个子儿。

我的零用大完了，要买洋取灯儿没有大，请你给我六个大。

（注意一）京语"取灯儿"并不是指"火柴"，俗语把"火柴"叫"洋取灯儿"，和无锡俗语把"火柴"叫"洋煤头"是一样的。

（注意二）有许多土语，都是因为历史关系，以讹传讹的。京语"几个钱"说"几个大"，"一百钱"说"一吊钱"，都是前清咸丰时币制紊乱的结果。上海把"胶皮人力车"叫"黄包车"，是因为初有胶皮车的时候，车公司要和铁轮街车区别。而"家用人力车"在最初的时候，不是人家自有的，是包月雇的；所以不叫"家车"，却叫"包车"。

（注意三）从前上海的劳动界，把火车站叫"旱火轮码头"。等到有了两个车站，就叫"北头的旱火轮码头""南头的旱火轮码头"。不多几时，居然叫"北车站""南车站"了。这是提高词类的一个好证据。

（注意四）我民国二年到广州，说普通话的很少；去年我又到广州，说普通话的很多；买物交际，用普通话居然可以通了。研究这是什么缘故，都说军政府设在广州以后，各省的人来得很多，大家非用普通话不能交谈，所以社会上也进步了。

这一类的笑话很不少，我前天写了许多，给几个朋友看，大家笑不可仰。现在为省篇幅起见，只用三段惹阅者笑笑罢。

（四）结论

我现在要讲两段笑话，作个结论。前几个月的一天夜里，和黎劭西、张士一……诸君谈话。我说"北京话不是人人学得会的，只好学蓝青官话。劭西！你不要见怪。就是你们读音统一会的诸君，像张仲仁、陈颂平、陆雨庵……和你劭西，都是在北京许多年的，那个说得来纯粹的京话。只好各说各的蓝青官话，彼此能懂就是了。"

又一天我和几个朋友，讨论假定以上海语音为标准语音如何定法。大家有三个主张：

甲，主张用正音。"大"读ㄉㄚ，不读ㄉㄨ。"人"读ㄖㄣ，不读ㄏㄣ……

乙，主张照现在的上海音。"大"读ㄉㄚ和ㄉㄨ两音，人读ㄖㄣ和ㄏㄣ两音……

丙，主张用土音统一。大读ㄉㄨ，不读ㄉㄚ。人读ㄏㄣ，不读ㄖㄣ。

我就编了一段话：

大英大马路大庆里，住了许多大人家；有一家的主人，遗失了一包大大吉香烟，硬说是车夫偷去，把车夫打的不像人。忽然来了一个客人，车夫喊道："张大大人呀！救命哪！"那个客人不理他。车夫叹气道："哎呀！哎呀！大家看看！这还有人道主义吗？我的大人（指父母）都没有这样打我呀！"

请大家用甲乙丙三种读法，把这段读一遍，就知道国音的好处。

土音的不统一。

以土音为标准连本地人也不懂。

到底我说得对不对，我也不知道，请大家想想。

小学校国语教授问题

民国七年（1918）

近来各杂志日报，多有用口语文的。教育界也有主张将小学校国文科，改做国语科的。这实在是一个好现象，于传布文化，普及教育都有很大的益处。我们是顶欢喜顶赞成的。

中国言语，我略微晓得几种。我家里说的话，就是我家的统一国语。因为我家的人，几乎没有一个同乡的。我父亲生在故乡嘉兴，几岁就随侍出门，长在直隶、山东、河南。二十几岁，又到陕西。我母亲虽然也是浙江人，已经几代在北方。生在大同，长在陕西、四川。我生在汉中，二弟生在兴安，三弟生在南昌。我像十方僧，只有在上海的年数多点。南北各省，大半都跑到了。我妻是福建人，长于湖北、广东、北京、上海。只有仲妇是纯粹的杭州人。家中女佣四个，江苏、福建、浙江、安徽每省一个。我家的说话，可算得国语标本了。然而家中公用的言语，没有经过标准的审订。故这一句是北方语，那一句是南方语；这一句是北京话，那一句是上海话。发音更不相同了。就我在教育上的主张说起来。十几年前，我在南方报上作论，批评前清学部编的古典的国文教科书；又用白话与白话相近的文言，替文明书局编小学读本。三年前，中华书局编新式教科书，又主张于每本的末了加附课四课，全用白话做个榜样，好做国文科改国语科的预备。这样说来，我是主张小学校要教授国语的人了。但是这几天来，我又有点怀疑。为什么呢？第一样，看见某省出版的通俗教科书，从第一本到第八本，完完全全用白话。是不是小学校的国语科，应该完全用口语，一点不用文言呢。第二样，看见各杂志各教科书所用的口语文，没有一定的规则。往往你写的北京官话，我写的南京官话；你写的山西官话，我写的湖北官话。更有浙江官话、江苏官话，夹了许多土话的官话。我怀疑的，将来弄了这许多种的官话，怎样统一。恐怕比桐城派、阳湖派、某某派的古文，界限还难分得清楚呢。我这几天，研究这两个问题，并且参考许多教育书和外国的先例。觉着这事要好好的考究考究，不可以轻易下断语的。我姑且将这两天研究的结果，报告与大家知道，作一种研究的材料。至于说的是不是，我自己还不敢相信呢。日本的小学校教则第一章第一条说："国语的要旨，在使知普通的言语、日常须知的文字文章，养成正确表彰思想的能力、兼启发智德。"详细说起来，很费事的。现在且简单列一表。

言语	｛教发音｝	｛听｝ 知识
文字	｛教标准语｝｛教字母｝	｛说 读｝ 技能与知识
文章	｛教汉字｝｛教口语文｝ 教文语文	｛写 读｝ 作 知识

欧美各国教授国语，都不出三个目的。第一样，发达高尚的精神。第二样，使学习表白思想的方法。第三样，做获得知识的

路径。练习眼、耳、口、手、脑,使眼能识文字,耳能听言语,口能说能读,手能写,脑能思想。各国之中,德国教育是最发达。他的国语教授法也顶精妙。我略微说些,给大家知道。

第一、诵读的方法

(甲)发音正确　发音定要依标准音,不许夹土音。并制有发音图,好使教员容易明白。

(乙)抑扬适宜　文章的抑扬顿挫,都与文章意思有关系。比方疑问文、命令文等,都可从抑扬顿挫里面显出他的神情。

(丙)流畅清楚　诵读如不流畅,不但说话不得清楚,并且不容易明白文章的意思。所以读书总要使他清清楚楚,不可有一个字含糊。

第二、读本的材料

(甲)实用的　小儿进学校,第一要学得实用的知识技能。所以读本的材料,要合实用,方能有益于生活。

(乙)美的　美的文章,可以叫性情高尚活泼。国家有这种国民,社会上有这种人,方才算得文明国呢。

(丙)国粹的　一国的人,对于他本国的国粹,都觉着格外津津有趣。注重国粹,不但在本国生活有益,并且可以养成爱国心。

第三、统合的教授法

(甲)诵读　有细读粗读两种。细读要明白内容,背诵文学的文章。粗读是练习诵读,注重腔调。

（乙）作文　笔述作文，都要认真改削，注重文法文体同难解的字句。

（丙）会话　就读本材料会话，要语音语法正确。

（丁）笔述　要没有错字。

照这样说来，小学校教授国语包含很广，决不是几本白话教科书就是了。这件事有前后两端。前端是要有标准语、标准音，后端是研究国语科的内容。

统一国语，本来是顶大顶难的事情。他们几千万人的小国，尚且好多年统一不来，何况我们四万万人的中国呢？这话说来很长，我简单说两句。第一要定标准语。比方"什么""甚么"这一句话，我晓得的就有一二十种（大半都写不出来）。又比方"背心"这一句话，有"马甲""背搭""坎肩""搭肩""领衣""领褂"的不同。假能定"什么""背心"做标准语，写出来就全要写"什么""背心"，不可再写别种了。"什么""背心"四字，定了怎么样念法，就要全照这个声音念，不可再念别种声音。这就是标准音了。有了标准语同标准音，就要把他推广起来。所有戏曲、小说、演说同上等社会的往来，学校的教授，都要用这标准语标准音，慢慢的、自然全国能统一了。推广国语的方法很多，学校教授自然是顶要紧的，但我有两句最要紧的话。学校固然应当教授国语，但不可全用白话，丢了文言。因为有许多意思，不是白话能达得出的。我国的国粹，更是非从文字入手不可的。况且我国现在的文言与白话，离开的太远。白话太不文明，定要取浅易的文字来改良白话。口里说的话，还要文来改良。笔下写的，不能全离了文，那是更不必说了。某通俗教科书的口语文，如"学了本事在肚里"之歌，看了令人好笑。这就是硬用白话的毛病了。

现在标准语标准音，没有确定通行。小学校就可以不教国语吗？这话我又不以为然。我的意思，小学校教授口语文，于统一国语之外还有两个目的。第一个目的，是口语文容易学容易写。小学校教了口语文，可以使一般国民用口语文写出自己的意思，明白别人的意思。第二个目的，口语比文言容易。先从口语入门，渐渐的学文言省力很多。文言学得成固然是好，文言学不成，还有口语文可用。所以我想现在虽说不到就要统一国语，只要教科书上加点白话，作文也作作白话文，口音正确不正确且不去管他。毕业的学生，能作文言固然是好，否则文言夹白话，或全是白话，或夹些土话，都可由他去，总比不能写好得多呢。不过说到教科书的内容，应当注重实用的、美的、国粹的。由口语文渐进为文章，万万不可全用白话，更不可将古典教科书，硬翻成白话，便叫他国语科了。就是白话文，也要检点。不可太粗、太俗、太陋。我对语言文字的意见，是要语言渐高尚，文字渐平易，求他一致。就是不能一致，也要相近。倘若语言鄙陋，去文字一天远一天，恐怕多少年后连我们现在这点文明，要一起丢到爪哇国去。同野蛮人一样，岂非顶可哀的事吗。

这个问题很大。我说了这一大篇，还不能把我的意思说完。我想大家研究研究，有什么意见请寄下来，登在本杂志上，以便大家讨论。我还有许多意见，稍微闲些打算再写出来请教请教。

普通教育当采用俗体字

宣统元年（1909）

文字者，用符号代言语，所以便记忆免遗忘也。符号愈简，则记忆愈易，遗忘愈难。而其代言语之用，固与繁难之符号无异。欧美以字母切音，日本以假名训读，故其习文字也易，而教育可期普及。我国文字，义主象形，字各一形，形各一音，繁难实甚，肄习颇苦。欲求读书识字之人多，不可不求一捷径，此近人简字之法所由创也。顾简字与旧有文字相去太远，一时不能冀其通行。窃以为最便而最易行者，莫若采用俗字体。此种字笔画简单，与正体字不可同日语。如體作体，鐙作灯，歸作归，萬作万，蠶作蚕之类，易习易记。其便利一也。此种字除公牍考试外，无不用之。贩夫走卒且借此以读小说歌本焉。若采用于普通教育，事顺而易行。其便利二也。余素主张此议，以为有利无害。不唯省学者之脑力，添识字之人数，即写字刻字亦较便也。

或疑俗体字便用固矣，奈不雅观何。此实阂于事理之言也。文字不过言语之记号，且系人造，非出于天然。今老师宿儒，因习惯已久，遂谓正体字雅观，俗体字不雅观。若改用既久之后，恐有谓俗体字雅观，正体字反不雅观者矣。此非余曲为之说也。萬古作万，算古作祘。万祘二字，实古之正体字，今则视之与俗体无异矣。后之视今，亦犹今之视昔。若采余此说，恐他日必有以体、灯、归、蚕为正体，而视體、鐙、歸、蠶四字将与今之万祘二字等矣。习惯成自然，雅观不雅观，固无定论也。

整理汉字的意见

民国十年（1921）

我们中国的汉字，难学难写，是大家都知道的。有人主张根本解决，用注音字母或罗马字母改成拼音字，我想一时是做不到的——现在有一部分人单用注音字母写信作文很有成效。但是要普及不误会，一时是不行的——我们要减少难学难写的困难，只有赶快整理汉字。整理的方法有两种：一、限定通俗字的范围。二、减少笔画。

限定通俗字的范围，以普通敷用为宗旨。电报新编七千多字，是文人通用的，固不能作通俗的标准；教会里有通用六百字一千字的选定，不过太少了，又嫌不敷用。我想不必限定字数，应该以普通敷用为宗旨，详审选定，数目大约在二千左右。选字的标准，以普通应用为主。如"恭敬"和"虔恪"，要"恭敬"不要"虔恪"；"弱"和"荏"，要"弱"不要"荏"。如果两义都通用的，不妨并存。如"国"和"邦"，"狗"和"犬"之类——我举例是随便说的，此类很多，难得遍举——选定之后，要好好的作一本字典，明白解说义意；只要留普通应用的义意，不普通的简直可以不说——我写到此处，案上适有《黑奴吁天录》，随手翻开卷三第二页，有"楚榜"字样，我以为"楚"字解释，以"苦楚""清楚"为限；"夏楚"之义，已经不是普通应用了。"榜"字以"出榜"之义为限，"楚榜""榜人"都不必要——有人说："我们文字现在还嫌不敷用，如照你这样做，不是更不敷用了么？"我回答他道："这是普通应用的，是国民常识的，如果在专门学问和高等文学上，不但不必限制，恐怕还要造许多新字呢！"

我在宣统元年的时候，曾经主张用减笔字，和沈友卿先生打过一顿笔墨官司。后来不但俗体字没有通用，前清的学部和民国的教育部，反要书坊严格的用正体字。——现在举一个例：比方通用的"燈"字，我主张用俗体作"灯"；部中偏要用正体作"鐙"——通俗教育，硬要变成通古教育，你说可气不可气呢？

国民教育应该要字体简易，以节省学习的光阴，好让出时间，多得一点别种的智能；国民在现在世界上奋斗，也应该要字体简易，以节省光阴，好让出时间多作一点事工。用减笔字，确有这两样长处。比方"與"作"与"，省了十画；"燈"作"灯"，也省十画——如作"鐙"反多四画——"體"作"体"，省了十六画，"點"作"点"，省了八画；"對"作"对"，省了九画；"蠶"作"蚕"，省了十四画；"學"作"孝"，省了八画……诸位试想想看，儿童学习的时候，省了这许多画数，不但容易认识；练习的时候，也可以省无数的时间。成人在社会上作事，写信记账以及种种的文字，省了这许多笔画，自然可以节省许多时间，多作许多事。况且实际上，大家早在那里用减笔字，为什么不肯明白规定呢？

用减笔字,是就社会上已经有了的基础,明白规定,用力很少,收效很大,这是第一步办法。第二步要将笔画多的字,酌量改变形式,减少他的笔画;虽然不是一时能成功的,不妨渐渐改变;一年改几个字,通行上应该没有什么困难。

　　我现在要说一个笑话。我的姓名——陆费逵——笔画都很多。我平日签名,件数少还还没有什么,件数多就厌烦的了不得。将来减少笔画通行起来,我的姓名"陆费逵"一定改成"六弗辻"。本来三十四画,减成十六画,算来要省十八画,假使我从前每日平均签五十个名,减了笔画,可以签一百零六件。你看合算不合算呢?

论设字母学堂

光绪三十一年（1905）

东西各国文字，无不有字母。字母者，所以一语言之音声，便形体之辨别，而为文明之利器也。中土无字母，其文字也一形一音，辨别难而记忆尤不易。故读书之效迟，识字之人少。有字母者则不然。熟记字母之形，及拼音之法，以之读书，迎刃而解。以之记载，力半功倍。字母之为用大矣哉。

迩北洋有字母学堂之设，教成之学生已有数万人。且将分设山东、河南等处，并以之出书报。其法极易，收效极速。即素不识字之人，课之旬月，慧者可秉笔记事，鲁者亦可见字而解其义。是诚中国造字母之嚆矢也。其造福国民，有功开化岂浅鲜哉。然于此有不可不注意者二事。则文字改良，语言统一是也。所谓文字宜改良者何也？中国文字趋重象形（虽有谐声，然其声亦由形而谐也），一字有一字之形，一字有一字之音。非识其形记其音，不能识其字也。有字母者则不然。于字母既识拼音既解之后，每见一字先以法求其音，音得则义解矣。故有字母之文字，童子当牙牙能语之际，习之数月即可知其大略而读书作字，无纤微之困难。无字母者，则识此字，不能通之于彼。虽遍识应用数千字，尚难必读书无窒碍。此其难易，岂可以道里计耶。今既造字母矣，文字之改良，第一当研究也。效欧西之纯用字母乎？抑效日本假名（即字母）与汉字合用乎？此极难判断之问题也。记者于东西文言，研究方始。祖国声韵，津涘未窥。兹事体大，管蠡难测。然就愚见言之，似宜判为二种。其在小学则多用字母，酌夹汉字。而汉字之旁仍注字母，以便记忆。将来社会日用文字准之，则辨认书写，便利倍蓰。识字之人必多，而字之为用亦必宏矣。至中学以上，文宜仍旧。而于生字之旁（小学校未习者）亦注字母，以便诵习。将来高尚文学，决不致以字母而失昔日之粹。是殆一举而两得者乎。

所谓语言宜统一者何也？中国方言不一，言政治、言军事、言教育、言交通者，无不引为莫大之害。无论南北语音，杂然不同。即邻郡相接，而语言亦异。甚至同一县也，此乡与彼乡且判若二国焉。是以我国上下，知有乡谊而不知有国家观念，知有省界而不知有国家种界也。可不为大哀哉。平日政教不一，交通不便，以言统一难矣。今当创造字母之际，若仍家自为政，乡自为俗，不择一地方适中语音轻利而用行最多者为准，则语言之统一不可期矣。语言之统一不可期，即全国人心之统一不可期矣。全国人心之统一不可期，则竞生存于天壤之间必不可得胜也。至语言统一，以何地为标准，则当取各省语言细较之，择善而用之，切不可因袭陈腐而敷衍已事也。

文字语言当注意之点极多，而此二者尤为重要。有改良社会之责者，盍留之意焉。

论日本废弃汉文

光绪三十一年（1905）

昨日本报载有日本拟废弃汉文，专用罗马字母及假名拼读，以便研究欧西各种科学。现已于高等小学加课英文一年，至高等学校则全用西文教授云。善哉善哉。日本人真知教育哉。夫文化之进退，率视文字之繁简为比例差。而由繁入简，又进化之公理也。其在欧西，则由罗马希腊之古文字，一变而为法德英意诸近世文字。斯宾塞之著作，且悉用近世普通文焉。是由难而易也。其在中土，字则由结绳而篆籀而行楷，文则由古文诗书而春秋战国而秦汉而唐宋且由骈散文章而词曲小说焉。是亦由难而易也。至日本则其始有文字之初（晋武帝时），不过《论语》《千字文》狭义之汉字而已。然繁难莫举，人多视为畏途。及至唐末，始假汉字依土音造字五十曰假名。后又有音训假名混文（即今之普通日文，以其假名与汉字并用故名）、和文（日本之古文）、和字（仿佛汉字杜撰者）、国训（假用汉字而别以为意）、新字（新出事物，汉字无其义者另著之字）等之进步。然日本有最困难者一事，则语为国粹，文乃外来。而汉字又极繁难，欲求再简，必废弃之而纯用假名。彼邦人士主持此论者，匪伊朝夕矣。然日政府不敢轻率将事，审慎研究亦已有年。今竟有废弃之说，必灼见其利害，而审知文字之繁简，关人民之智愚，文化之进退矣。呜呼。东瀛三岛，日进无疆，武功既奏，文化日新。夫日本与我为同种同文之国，日既改革文字矣，我宗邦其亦有所继起乎。

然我与日本之文字各不相侔，一系固有之国粹，一系外来之文明。我国从事改革，宜从字体简单言文一致入手。一方提倡通俗文字，以期其普及；一方精研古学，以保存国粹。而统一语言，尤为要事。近见异地之人，语言不通，反恃英语互谈，此则大不可者也。

俄罗斯、美利坚、英吉利必以国语强迫波兰、菲律宾、印度、澳大利亚，斩斩而不稍退让者，岂无以哉。吾愿我国讲改革讲西学者，勿自亡其粹以亡其国也，又勿徒保其粹而不图进化也。日本而出此，吾人之感慨深矣。吾不寐而梦，梦日本遣学生高僧等留学于唐，梦吾人家居日用纯用外国语，更梦经传子史胥陈夫博物院。

虽然吾不恨亦不怨。天演竞争，适者生存。固如是也，固如是也。

教育文存卷三终

 卷四

女子教育的急务

民国九年（1920）

近来有许多人，研究妇女问题和女子教育问题，替我二万万妇女谋解决的方法，这是最好的现象，也是最要紧的事体。各人所说的有各人的道理，我也不必去批评。不过我以为天下的事，要对症下药，症候没看明白，尽管有千金方，也是无益处的。

我对于女子教育问题和妇女问题，除小学校男女共学问题外，从没有发表过意见。现在看见各方面的主张：有的太高尚，一时万不能行；有的太陈腐，不合现在的趋势；所以今天把我的意思发表一点，以供大众的研究。

我以为现在替我国二万万女同胞谋幸福，最为急务的有两个大问题。

第一，女子的实力问题
第二，女子的地位问题

我对于这两个问题，意见很多，现在且简单的说说：
地位与实力，是一个正比例。实力大一点，地位就高一点。要她地位高一点，就不得不求实力大一点。然而实力这样东西，不是空口说得来的。有一分质地，用一分劳力，就可增加一分实力。就反面说起来。多一分消耗，就减少一分实力；少一分消耗，就增加一分实力。不论什么国家，什么社会，什么人，都是如此。妇女问题也离不了这个原则的。

女子因为生理的关系，比男子弱。因而她的地位，比男子差得多，那是无庸为讳的。所以无论何国，没有不是重男轻女。有的表面上很尊重女子，女子因而得很体面很舒服的待遇。但是这种待遇，不过和敬老慈幼一样，出于社会上的怜惜心，不是女子真正有优越的地位。只有最近欧美各国，由教育的发达，人力的不足，发生出来的女权，才有几分真正增高女子地位的意味。这就是我说的实力问题了。地位若不因实力而增高，就要像孟子所说"赵孟之所贵赵孟能贱之"了。

就女子的地位说起来，我研究到一种原则，就是女子的地位与社会的生活做一个反比例。生活容易的地方，女子的地位较低；生活困难的地方，女子的地位较高。其中有两个原故：第一、生活容易的地方，男子的力量可以养家，不必女子谋生。第二、女子因为可以舒舒服服过日子，也就不愿以弱质竞争于生活场里，以免生理上的痛苦。生活困难的地方：只靠男子的力量，不足生活。女子为生计所迫，不得不尽力以谋饱暖；弱质能否胜任，生理上有无痛苦，都管不得了。天下的事，都是自然的趋势逼迫成的。女子何尝不愿地位增高，但男子可以养家，女子乐得舒舒服服过日子，享唱随之乐，尽育儿之责，这也是古今中外一样的人情。

古代文明的国家，在东方有我国和印度，在欧洲有希腊和罗马，介于其间的有土耳其、阿拉伯、埃及。这许多国，除了希腊的斯巴达外，没有不是重男轻女的。风俗制度，虽各不相同，说到精神，与我国是差不多的。

我国古代，对于女子的地位，不过要他传种和料理家务就是了。《大戴礼记》孔子的话："女子顺男子之教而长其理者也，故谓之妇人。妇人，伏于人者也。是故无专制之义，有三从之道。幼从父兄，既嫁从夫，夫死从子，无所敢自遂也。教令不出闺门，事在馈食之间而已矣。是故女子及日乎闺门之内，不百里而奔丧，事无擅为，行无独成，参知而后动，可验而后言，昼不遊庭，夜行以火，所以正妇德也。女有五不取：逆家子不取，乱家子不取，世有刑人不取，世有恶疾不取，丧父长子不取。妇有七去：不顺父母去，无子去，淫去，妒去，有恶疾去，多言去，窃盗去。有三不去：有所取，无所归，不去。与更三年丧，不去。前贫贱，后富贵，不去。凡此圣人所以顺男女之际，重婚姻之始也。"这一篇话，可以见得我国女子的地位了。前段全是义务，只有后段三不去是权利。然就这三不去的权利说起来，也是承认女子为妻的权利，没有承认女子人格的权利。但是这里面有很可注意的一点，就是女子有受男子供养的权利，无自谋生活的义务。从这一点说起来，就有一个前提，要男子人人能养家，否则这个风俗制度就不能成立了。

欧州女权之发轫在希腊。斯巴达的人，无论男女，都为国家尽力，所以女子的教育，同男子一样。就是体育，也由国家设体育练习所，定了课程，男子女子全要去练习，一切与男子平等。国家社会上的一切事情，都由男女公共去做。甚至体育练习所男女同在一处裸体受课。他种社会，更不必说了。斯巴达的国力和国民的实力，都因此而大进。女子的实力和地位,要算空前绝后了。

亚里士多德的话,最公平,最当注意。他说:"家庭由男和女组成,国家也是这样,不能将这两样分开。国家所定的制度,如果与女子有妨碍,这个国家就要算大半无制度了。"这个教训的精神,在欧美人的脑里印的很深,到了近世纪的文明社会,遂成事实了。

我说了这许多话,还没说到本文,这篇文字的题目是"女子教育的急务"。所谓急务,到底是什么事呢?我以为现在我国女子教育的急务,应当从增进女子的实力入手。实力增加一分,地位自然增高一分。从表面上来说,男是男,女是女。从实际上说来,男子都是女子的父兄夫子,女子都是男子的母姊妻女。做女子的没有不望他父兄夫子好的,做男子的何尝不望他的母姊妻女好呢?女子的地位弄到现在的情形,男子固不能辞其责;然而女子自身若不愿如此,决不会这样的。古人之制礼,决不是凭空杜撰的,也不过顺着当时的国情,略微整理点缀罢了。倘若当时国情不是这样,古人制礼,也不会这样的。如果勉强这样的定,不但女子不承认,男子也不肯承认的。为什么呢?女子和男子,并非两国,实在是一家的父母兄弟姊妹夫妻子女。剥夺母姊妻女的权利,父兄夫子也受损失的。所以现在研究女子教育问题,当先考察现在的国情,预料将来的国情,而从增加女子的实力入手。

照我国现在的国情说起来,理论上说得天花乱坠,虽然不妨,但实际上一时决离不了家族本位。就社会上种种组织和一般男女心理说来,也决不能完全离了男子养家的状况。他们欧美诸国,因为物质的进步,竞争的激烈,生活的困难,女子不能不求独立生活。这是大势所迫无可如何的。不是女子不愿靠男子养活，也不是男子不愿养活女子，实在是力有不从。这回世界大战，男子都赴前敌，女子的用处更多，实力的表现增进也更明白。到了这种国情，女子只好把受养活的权利丢去了。女子一方丢去受养活的权利，一方以自己的实力养活自己和子女。换一句话说，就是替男子尽了一部分的义务，并且养活一部分的男子，那地位自然要增高了。妇女丢了权利，吃了苦，尽了力，偏不能和男子平等，未免太不公平。况且有一部分无父兄夫子的女子，为国家吃苦尽力，若不给她与男子平等的权利，那不是国家只叫这许多人家尽义务吗？这样说来，我们现在讲女子教育，其目的有四：

第一，健全女子的人格

第二，养成贤母良妻

第三，在男子能养家的时代从事无害生理无妨家庭的职业

第四、预备充足的实力于必要的时候代男子做国家社会一切的事

我所说这四个目的，前三个是通常的，第四个是预备处社会国家之变的。我国现在的情形，稳健的人，大概都赞成前三个目的。激进的人，要专注重第四个目的。我以为都是错的。为什么呢？照现在的国情，前三个目的是不错的，但是兵可百年不用，不可一日不备，这第四个目的是预料将来的国情一定要到的。与其临时抱佛脚，多吃许多苦，多受许多累，恐怕还要误事，何妨早点预备。况且目的悬在这里，几时做得到，还不晓得呢？大家要知道万一数十年后，再有大战，我国

卷进漩涡；或者经济竞争更烈，多数男子无养家的能力，女子不能不争生存，那时候方才知道我第四个目的的要紧咧。

依这四个目的，生出三个前提。

第一，女子自身的觉悟
第二，家庭的觉悟
第三，社会的觉悟

这三个前提虽然是要个人家庭社会分别去做，但最要紧的是教育上的觉悟和改进。

我所说女子自身的觉悟，并不是叫女子人人以英雌自居，是叫女子自己觉悟她的人格。现在的女子，无论是新是旧，总以玩品自居，心中总存一个男子应胜女子的观念。不缠足了，偏要穿高底皮鞋，脚趾脚骨受伤是不管的。衣服要紧小，甚至胸间束带，或穿紧扎的小背心，心肺受伤是不管的。耳环呀，项圈呀，镯呀戴了一身，像脚镣手铐一般。就是不戴，不论金银珠玉，总要备置些。经济不经济，姑且不说。就人格上论起来，这算什么呢？岂不是完完全全一件玩品么？现在的女子，表面上要和男子平等。但是讲起学问做起事来，就说他们是男子，我们是女子，男子总当比女子强些。简直以女子二字，做自己卸责的地步。到了结婚，就有三种不可破的情形。第一、无论学问才干光景，总要男子比女子高。如果男子和女子差不多，女子就以为大不应该，夫妇的感情，是不会十分好的。第二、仍怀一种旧思想，不以为一男一女平等的结婚。总以为女子吃亏，是嫁给人家，做了别家的人了。换一句话说，就是以为女子做了男子的附属品了。第三、订婚的时候，什么聘礼呀，门包呀，开通的人家，也不能完全免去。不是仍旧把女子当一种货品，骨子里没有脱卖买行为吗？我以为现在的女子，不必口头争男女平权，先要自己保全人格。人格没有完全，还讲什么权不权呢？所以现在的女子，顶要紧的，是晓得一个人不是玩品，要保全自己的身份健康经济。失了身份，害了健康，耗了经济，装饰把人家看，是顶不值得的。其次要晓得男子是一个人，女子也是一个人。人的智愚强弱，虽然不能一样，但决不会男子都比女子智，都比女子强的。到了结婚，只求两面的人格相称，不必一定求男子的学问才干财产比女子强。婚礼上出嫁的思想，卖买的行为，应该铲除的干干净净。要做成一个有人格的男子，一个有人格的女子，双方平等结婚，做一个新家庭。这样下去，女子方有地位可言，不是男子的玩物了。

家庭的觉悟怎么样呢？做父母的要晓得生儿生女，同是一样的。在父母本身上说起来，女子是赔钱货，男子也是赔钱货。男子有可以靠养的，女子又何尝没有靠养的呢？不过从前培植男子，不培植女子，所以男子比女子强一点。倘若父母把男女一样去培植：没有结婚的女子，固然可以从事职业，奉养父母；就是结婚了的女子，她倘能自立，那有不管父母的呢？旧时代的女子，嫁了好人家，父母如果生计困难，女子以夫家财物贴娘家的，也很不少。不过这种办法，不很正当，也不很自由。比女子自己以才力所得的，相差不可以道里计了。父母要女子少赔钱，只有给她受教育的一个方法。进一步讲，父母产生儿女，就是罪孽。必须培植到她的人格完全，方算是免了罪孽。天下不肖的子女，那一个不应该叫他父母负责呢？女子所受的痛苦，更应该由父母负大半的责任。况且大家不培植女子，你又何从得好媳妇好子孙呢？所以我想现在的家庭，应当有一个觉悟，就是教育女子，完全和男子一样。看她的资质性情，尽力去培植。至于财产一层，我主张以少给子女为宜。如果分给男子，也就应该分给女子。养父母的老，男子固应该负责，女子也应该负责。结婚认为平等的，男子结婚认为得了一个妻，女子结婚认为得了一个夫。父母也把佳儿佳妇佳女佳婿，看得差不多。那女子的地位自然增高了：自己家里看女子不起，偏要人家看得起，那是万万不行的。就是做到，也不过人家格外怜惜弱质爱好玩品罢了，不是女子的人格长进呀。

  社会的觉悟是怎样呢？前两段所说女子自身的觉悟，和家庭的觉悟，都要社会觉悟，方才易于收效。为什么呢？因为社会倘若不觉悟，社会上一般的人，见了觉悟的女子和觉悟的家庭，必定以为奇怪，多方的去嘲笑她，诽谤她。女子最怕这种事，一遇见了，只好把自己的觉悟抛去。也有定力强点不肯抛去的，这种人在社会上一定吃许多亏，受许多苦。我以为社会的觉悟，一时难得透彻，我们不可以揠苗助长，反阻碍她的生机。然而应当找一个现在最低的限度。第一、提倡不要装饰。第二、尊重女子的人格。不可看做玩品，和男子的附属品。第三、承认女子受教育的权利。父母有只叫男子就学不叫女子就学的，大家应该劝诱她，讥笑她，认为和不叫男子就学是一样的错误。这样下去，女子的实力，自然可以增加，女子的地位，自然可以增高了。

  女子的自身觉悟了，家庭觉悟了，社会觉悟了，妇女问题的第一步，就可以算解决了。不过现在去求她觉悟，将来在觉悟后求进步，都非从教育上着手不可。所以我以为教育上的觉悟和改进，实在是现在的急务。教育上的觉悟和改进，说来很多，最要紧的是学制的觉悟改进和学校的觉悟改进。关于学制的，应该由研究家和教育行政家着手。关于学校的，应该由研究家，教育行政家，和校长教员着手。分途并进，不拍他不一日千里呀！

学制上的问题，关系国民学校的，现在法令男女视同一律，可不必再说了。不过调查学龄儿童，劝诱就学，不可仍旧偏重男子。女子师范学校，亦没有大问题，只求每省多设几处就是了。现在最要紧的有三个问题。第一、高等普通教育。第二、高等专门教育。第三、职业教育。这三个问题不解决，女子的实力和地位，总不能圆满收效的。

我想这三个问题，非到社会进一步觉悟与风习进一步改造后，与男子的教育总不能完全相同。高谈阔论，沽名钓誉，我并不是不会，不过于实际无益的事，我不肯昧心去说呀。我以为现在当认清我国女子的现状，定一个进一步的办法，等到进一步办法成了风习了，再进一步，改定办法。这种做去，与实际既有益处，也不至牺牲许多女子，供教育的试验。况且男女分工，本是天然的规律，我国还不到人力不足的时候，何必勉强女子做男子的事呢？天下的事，不可不求进步，又不可躐等进步。这句话一定有许多青年反对，不过我的良心上是这个样子，我不管人家反对不反对，我是要说的。

依我这个宗旨解决这三个问题：

> 第一，高等普通教育当分为中学校、高等中学校两级。中学校是普通科目，三年卒业。注重国文家政（包括日用理化儿童教育和家庭卫生在内），至算学、历史、地理、外国语等，不妨简单些。高

等中学校两年卒业，应当分文科实科。国文、外国语、法制大意、体操等科，应当一样的注重。不妨公同上课。文科加课历史、地理、哲学、心理学、伦理学、教育学、中国文学史等科目。实科加课算学、博物、理化、图画、手工等科目。

中学校的宗旨，在养成高等人格。高等中学校的宗旨，在养成研究力，和进大学的预备。中学校每省应该多设若干处。高等中学校可酌量情形，每省先设一二处，逐渐推广起来。

第二，高等专门教育应该斟酌女子已具的程度和就职的情形，渐渐的设立。我以为现在当就设的：（一）普通文科。养成高等文学人才，和高等中学高等师范的教员。（二）医科。养成高等女医。一方为妇女免痛苦，一方为女子谋一种最好的职业。（三）纺织。是我国最要紧的实业。其中大部分，女子可以做的，此科如果发达，于实业和女子的生计，都有很大的影响。（四）养蚕制丝。此科最要紧，最宜于女子，大家都知道，可不必说了。不过现在所设的，程度不高，所以他的特点，还不甚看得出咧。以上四种不过略举一例，并不是限定这四种。

至于大学开放，近来争论很多。我以为第一步的开放，应当许女子普通文科大学和高等师范卒业的，入大学的文科理科，做选科生。女医专门卒业的，入大学的医科，做选科生。其余各科，渐缓开放。这样办法，有几样好处。第一、能受大学教育的女子，无向隅之叹，又成就许多学问家，免埋没许多人才。第二、学府的设备和教员，都不容易。这种办法，可免另设女子学府的困难。第三、入学程度很高，自然有益无弊。第四、文理医三科，都是与女子学问有益，身体无损的。第五、作为选科生，女子可就自己的学力体力志愿，分别选习。如愿全习，也不妨听其自由。这样办法，可免勉强全习致身体受损，能全习的也不受拘束。将来如果人才众多，女子的地位，职业的范围，扩充开了，不妨就需要的状况，再开放他科，或某科的某门。这就是我所说的求进步而不躐等了。

第三，职业教育应当看各地情形，多设许多传习所。费用既不大，学生程度不要限制太严，入学的可以很多。本地需要的职业，学会了就可以有用处。比方：纺织、养蚕、织草帽鞭、织花边、种菜、种花、种棉花、畜牧（一种或二三种）、养鸡等，无论什么科目，只要本地相宜的，需要的，就可设传习所。一年两年卒业都可以的，授课全日半日也都可以的。如果曾受国民教育的少，不妨另设补习科，补习国文算术。这样办法，于教育生计都有极大的影响。比设完备的实业学校既容易，又有效验。各地热心的人，何妨试试看。

学校的觉悟和改进，说来很复杂，我以为最要紧的，是人格的精神，正确的知识，健康的身体。十余年前，上海的女学界，精神很好，人人都有一个高尚人格的观念。装饰一点不讲究，粗布衣服，很优雅，很大方。后来有个著名的校长，开了一家绸缎铺，送许多优待券给学生。女子本来是好美好虚荣的，看见校长这样提倡，于是大家都做起华美的绸缎衣服来了。戴手饰的也渐渐多了。胸部束带穿紧小背心的风气也传开了。现在的女学生，和十年前的女学生比较起来，恐怕精神上很有点不同。就是那时候的女学生，有一种要求人格的精神；现在的女学生，表面上拿独立自尊做口头禅，精神上和没有入学校的差不多，不过是有一块女学生招牌的玩品就是了。说到知识一方面，也很不完全。科学的知识，既不正确，又欠了解。文字的知识，也是这样。女学生和女学生出身的教员，没有几个不写别字的。这是什么缘故呢？我以为都因为办学校的，没有目的，没有精神，只晓得装个场面，敷衍了事，所以弄成这个样子。至于体育一方面，表面上比深闺静处的好得多，实际上却不尽然。我听见好几处女校，办理算很讲究的，但是学生有因为月经期内体操运动，得了痼疾的。又有某学校，赴联合运动会，司令的女教员，选手的女学生，都在月经期内勉强到会，为学校争虚名，弄得病了许多时候（日本教育法令，明定月经期内停止体操运动。但是女学生羞于说明，所以也不过是具文罢了。只有几个真热心的女教育家，留心查察训练，还可以实行）。至于高底皮鞋紧小背心的有害身体，更不必说了。这事看来不大要紧，但是与现代女子的健康，将来国民的强弱，都很有关系的。教育以德育智育体育三样做目的，如果做成没人格的德育，不正确的智育，害健康的体育，我们要兴教育做什么呢？

　　学校应该怎样觉悟改造呢？我姑且简单说两句。第一，要养成人格觉悟的风气。第二，要养成功课消化的习惯。第三，要防制身体的损坏。又有附带的两个条件。第一，是慎选教职员。第二，是不要徇学生的虚荣心，功课弄得高而无当，博而不熟。至于下手的方法，各人各自研究，研究有心得，就去实施。不是我们说空话的责任了。主持女学的人呀！诸君要保自己的良心，保学生的人格，我国女子才有幸福的希望呀！

我写了这许多，我的意思还没有说完。我想另外写一篇，叫做"妇女问题杂谈"。一段一段的随便写，可以与这一篇互相发明。不过我的功夫很少，一时能写出不能写出，还说不定咧。

女子教育问题

民国二年（1913）

近世论女子教育者甚嚣尘上矣。究其实际，则偏激之流，直欲同男女之效用。老朽之俦，仅欲令女子粗识之无。其实皆非也。余以为欲定女子教育之主义，须先决女子之效用。就以上二说及余所主张，女子之效用约分三类。

甲 激烈派

女政客。

女军人。

女工程家。

女商业家。

凡男子可为之事，女子举可为之。教育当与男子平等。

乙 顽固派

女子无才便是德。只要识几个字，能看家信已足。

女子有父夫子赡养，不必谋生。

凡男子可为之事，女子举不能为。无所谓教育。

丙余之主张

女子将来为人妻,当受妻之教育。

女子将来为人母,当受母之教育。

女子不能全恃男子赡养,当择己所能任之职业任之。职业以女子性质能力可胜任又不为社会所障碍者为断。如农家之养蚕,工业之裁缝、刺绣、纺纱、缫丝、订书,学校之教员,以及图画家音乐家著作家等。

不能为政客,不能为军人,不能为工程家,以女子性质能力不宜也。不能为商业家,以吾国社会习惯不宜也。

今试就上三说而说明之。女子之性质,柔弱而优美。限于生理的作用,无可如何。吾岂不欲吾国骤增加倍之政客之军人（意谓女子能之则倍于现有之男子也）,而必窒遏之。无如实际不能,犹之牝鸡不能司晨,无可讳饰也。若天下女子,竞为男子事业,则妻之持家,母之育儿,将令孰任。如激烈者所主张,岂果强令男子为之,以泄数千年女子之愤耶,岂果舍吾文明而效西藏之陋俗耶。况就生理而论,激烈之政争,极剧之工作,女子万不能堪。即使能之,而一遇胎产,则一年数月之光阴消于无形。政争必难持久,工作势必中止。吾知即有女政客女军人女工程家,世亦莫敢用也。此甲说之过也。

近世文明进步,即使女子不为职业计,家政育儿皆非学识不为功。仅识之无,安能敷用。妻有妻之教育。教育不备,则衣食住纷乱,而夫与己胥受其害矣。母有母之教育。教育不备,则教养无方,而子女胥受其害矣。况夫计算不明,常为人欺（余曩见邻妇不明计算,每日买水三担半,每担五文,日给二十一钱已年余矣。其子在校略习加减,一日大呼告其母谓只要十七个半钱。其母亦恍然，乃痛骂挑夫而绝之）。卫生不明，易损生命（此类事难以数计）。词不达意，辄生误会（某妇致夫书有"使人"二字误作"死人"，其夫星夜赶回买棺至家。此事良可发笑。然近日女校学生作别字者，殆可车载斗量也）。然则女子教育，固可以粗识之无为主义耶。此乙说之过也。

余之主张，毫无意气容其间。诸君试思何家无妻，何家无母，何人不赖适宜之职业以生活。以妻之教育，母之教育，适宜职业之教育，为女子教育之主义，岂有丝毫谬误。若谓不然，则必女子不为人妻，子女不为母育而后可。至不适宜之职业，非不见信用于世，即以戕贼女子。夫岂主持教育者所当有事乎。

由是观之，女子教育之方法，必不能与男子从同可知矣。盖男子当期其为公民，为军人，不必令为人妻为人母也。男子当任与世界潮流竞争之职业，无生理风俗之限制也。知此则女子教育

第一，当养成贞淑之德，和易之风，并授以家政之智能，期可以为人妻。

第二，当养成慈爱之性，高洁之情，并授以育儿教子之技能，期可以为人母。

第三，当设女子师范学校，女子裁缝、刺绣、蚕业、图画、音乐等学校，期可以习一业以生活。

教育行政官厅乎，女子教育家乎。苟欲吾国女子能为妻母，能自生活，必自男女异教始。小学无甚问题，中等教育，绝无男女同学之余地。若夫特出之女子，愿于中等教育修完后，研究高深之学术，当认为特别情形。入男子大学也可，另设女子大学亦可，非可一概论也。

欧美之女性研究

民国九年（1920）

此篇后半由戴君克谐续成

近一二年，妇女问题之论著，风起泉涌矣。然除一小部分学者之议论，大率不能为学理的研究。古代重男轻女，各国皆然。今则因生存竞争之激烈，妇女问题遂与劳动问题对峙，为二十世纪世界最大之两问题。我国对于此种问题，素鲜研究，不得不求之欧美。今摘译各名家学说之概略如下。

叶理斯氏著《男女》一书，其大意如下：

> 男子与女子较，则男子身体大，皮肤粗，骨露而有力，筋肉紧密；以女子与男子较，则女子身体小而纤弱，骨隐而不显，筋肉柔厚。男子肩肺大而腹臀小，故善运动；女子胸肺小而腹臀大，故适于稳静之事。男子身体精神，皆为改进的，故变化易；女子反是，为保守的，故变化缓。女较男早熟，早老。女常带小儿性质，其终身似小儿之点，亦较男子为多。脑之重量，女轻于男。感觉性男子较强，感动性则女子较强。女子血液中之赤血球多于男子，血液比重，亦

重于男子。尿之排泄，多于男子。尿素亦多于男子。酒精之毒，男子中脑，女子中脊髓。女之生活为曲线的，波动的；月经时为波动最高之地位。痴呆残废之疾，男多于女。抵抗疾病，女强于男。生死之数，均男多于女。长寿之人，则女多于男。老年之特色，女子方面不甚显著。自进化论观之，女子似小儿之点多，故优于男子也。

穆勒约翰氏著《女子服从论》其大意如下：

女子之所以较劣于男子者，以其筋力较弱也。苟仅以斯点而断言女劣于男，则不免囿于弱肉强食之说，而以奴隶视女子矣。今女子之所以尚未能脱离于男子之奴隶教育者，系由人为而非自然之现象也。顾关于女子之一切智识，皆由男子推测而得，女子心理之研究，未尝达于完全之境界故也。夫男女精神上之差别，皆由于教育及境遇之不同，根本上实无相异处。女子多神经质，故易变而好动。但劣于运动，于是身体之发达，不能充分。其能多运动而身体发达者，未必尽有过度之感应性也。或以为哲学、美术、科学诸大家中无女子，遂执以为女子劣于男子之证，是不可也。夫女子之教育，提倡之日尚浅，其结果如何，尚难预揣。故对于女子，宜善施以教育，授以与男子相等之权利，而于家庭、社会、实业、政治等，均须使之参与焉。纵以"夫勤于外妇治于家"为原则，而亦断不能使之不具备独身自动之能力也。家庭之中，子女之待遇一不平等，则易于失和，故两性之结婚，宜择教育程度相等者也。

叔本华氏著《妇人论》中，所论女性，适与穆勒氏之说相反，兹更介绍于下：

仅就女子之外形而观，其不适当于作为大事者，已极明了。女子生活，非以行为而达其任务，乃以苦痛勉强从事者，如生产之痛苦，儿女之抚育是也。然女子之悲喜，其表现而出者，决不若男子之强有力，往往表现于稳静柔弱之间，而视若无意义者。至女子之所以适于抚育儿童者，以其识见幼稚，与儿童相似之故。女子之姣好，为时极促，生育至二儿以上，则其颜色必衰。其恋爱亦然，发达既早，而终了亦速。男子能生利，而女子不能；不唯不能，抑且喜消费其金钱。盖女子之目光短浅，而偏于感情，虽富于同情之念，而辄不能公平无私；所恃为武器者，无气力之权谋术数而已。夫女子之有装饰，犹狮之有爪，牛之有角，象之有牙，乌贼之有墨也。女子尤喜吐虚言，饰外观，搬是非，背恩义；故所谓女子之道德者，无意识之道德也。男子交游，平心静气而无嫉妒；女子则不然，似有生以来，即为仇敌。更细察妇女间之举动，恒多诡秘；其表面之酬应，虚饰诈为而已。身份较高之女子，对于身份较卑者，则恒表现其傲慢无礼之态度。其唯一目的，则在于取悦于男子；苟得男子之欢心，则似已满足其欲望。顾女子之间，其互相竞争，极为猛烈。女子于音乐、诗歌、雕刻等无了解能力；以其缺乏天才也。欧洲有尊女之风，以法兰西为最盛，是极无聊赖者也。夫一夫一妇之原则，系有男女同等之观念；而真理上则以一夫多妻为是，盖行一夫多妻之制，则所剩余之女子，均可得夫之保护，不致更有伤风败俗之事矣。

哈德门氏之说如次：

男子为加动者，而女子为被动者。女子之最重要者，厥唯生殖机能，故于体力上过于劳动，精神上过于细密之事，不宜使女子为之，而男女之教育，乃不得不因之而异。女子须就养于男子，以其道德恒不能成熟，即不能自立自治也。其所依赖者，风俗宗教；故多迷信，而乏正义之观念。莱许氏曾言女子受高等教育之有害，以尽心研究科学有所不逮也。神经学专家梅毕斯氏《论女子生理的鲁钝》书中，曾有驳穆勒之说，以为女子有不服从于男子之倾向，故有今日之风俗，非风俗与教育之不良，致造成今日之女子云。更有驳叶理斯氏之说，谓女子受自然之虐待，故精神上之天禀，其盛时极为短促；女子一经产儿，即成老妇，盖女子一经生产，其前头叶与颞颥叶回转之发达，渐示不良，此明证也。女子全属于保守的，故苟世无男子，则必仍如原始时代而毫无进步矣。女子无著名之人，无有贡献于科学者，盖因其智力与生殖力适相反比焉。

怀宁格尔氏著《性及性格》一书，所论女性之大意如下：

生物界无纯粹之男女，仅于无数性之中间级，有男女之称而已。以科学的研究而观察之，无所谓男，亦无所谓女；仅有男子的女子，女子的男子而已。故甲之个人，与乙之个人，不能直呼之为男，或呼之为女，必分析其两性之多寡而定之。例如有男子而具女性之骨盘，女性之胸膛，须髯稀少，身段肥大，且有过长之头发者；或有女子而腰部狭隘，胸部平扁，颈部肉瘤及大腿脂床，均较常低小，声音宏大，须髯蓬然者；皆男女两性混在一人者也。要之男性多者，即为男子；女性多者，即为女子。至两性之结合，于男性与女性完全表现时为最强。凡生物中有最强最健之子孙者，其性的牵引力有最强盛之结合也。至性欲之要素，在男子则为授精本能，女子则为接触本能，其间无强弱之别，不过男于性欲上为攻击者，而女于性欲上为被攻击者而已。唯女较男易于兴奋其性欲，以其生理的激刺性，在性欲范围内，固极强大而永久也。女子之性的生活，几仅限于性交及生殖范围之中。当性之成熟时，必生最大之热望及焦虑；而其性欲又毫不间断，弥漫其全身。故女子除性欲之外，几无所有。换言之，男子能有性欲，而女子乃为性欲所有者也。其绝对之女性，无"自我"之观念；故无判断，无意识，无记忆；有之，亦由男子之判断意识记忆而来。女性无所谓道德，以其无善亦无恶也。女性之同情，发生于肉体之接触，或以手抚，或以口吮，与禽兽无以异也。且最善感夫肉体之美，必互相比较，不惮严密之检查；其对于自己肉体之美，自负心极强，纵自认其姿色之不如人，而断不思自己之丑陋。盖于自己之肉体美，有美快之感也。顾女子恒以手自触其肉体，以镜自窥其容貌，无非欲求男子之称赏。当其性的兴奋之对象，即情欲是已。由此观之，可知女性之自负心，缺乏自己特有之价值，而全恃其情人或良人之客观也。是以女子无灵魂，以男子之灵魂为灵魂者也；无道德，以男子之道德为批判者也；无性格，以男子之性格强弱为断者也；无意思，以男子之意思而被其感动者也。

洛采氏著《小宇宙》书中，其第六卷论及女性，摘其大意如下：

女子之身体相似，以其个体之变化较少也。至其精神上之相似亦然。女子身体之构造，胸肩狭小而股大，故就坐安定，而运动迟缓；男子则反是，胸肩发达而腰股小，故不安于坐，而运动亦敏捷。但女子体力虽较弱于男子，苟其境遇变迁，亦未始不能适应耳。女子身体上能忍受不自由，不满足，而男子不能；如戏院中男子恒有以炭酸过多而卒倒者，女子则绝无而仅有。女子更能忍受失血之营养，故以全体人口统计之,上寿之人,女多于男。女子于感觉上之满足最易,而男子则不易厌饱。至以智力而论,男女实无差别,男子所能理解者,女子亦无不能。唯女子不若男子之有分析力,往往于事物之观察为直觉者耳。男子之意志,遇事希望概括,而女子则希望终了。女子富于爱情,而待人接物较为亲切,故有柔和男子之能力。至办事之际,男子则时间短而早毕,女子则言语多而不惮三反四覆也。

阜林氏为巴塞尔大学妇人科教授,其著《女子之本领》书中,述及男女生理上心理上之区别甚详,兹摘其大意如下:

犯罪行为,女少于男,约为男子五分之一。自杀亦然。男子之自杀者,较女子多至七倍。男子之疾病,以在壮年所罹者,易致死亡,如肾脏病、呼吸病、血行器病、或剧烈之传染病等是也。女子则不然,其最易牺牲其生命者,莫若生产。而女子又多神经衰弱症、忧郁症、舞蹈病、癫痫等疾病。至于色欲,则青年女子较男子为弱,因其为被动者也。

伦根氏为格金根(按:今译哥廷根)大学妇人科教授,所著《女性之特色》书中,所论与阜林氏相似,而其论色欲也较详,兹更撮其大意焉:

女子之身体机能,常为曲线的,故每有不快之感。其于任务,则非补助不可。如妊娠、生产、哺乳等，莫不皆然。文化愈高，则女子愈弱，而益感有求助于人之必要。盖女子之生活，以男子为始，而仍以男子为终也。女子之生存，苟不得男子为助，则不能正当。女子之所以为女子者，男子使之然也。女子之内容，男子是已。女子之身体精神愈发达，则愈见其不能离男子之身。如尼采之言，女子之为物，直如哑谜；其唯一之事，即为解谜。如妊娠谜也；男之就女，其目的在于育儿女，亦谜也。故女子而竟生育儿女，则视其夫也，不若其视儿女之重要矣。要之，女子之结婚，乃其幸福，故女子必须结婚也。

希乌耶斯基氏，为俄国陔夫（按：今译基辅）大学医学部物理学教授，所著《区别男女标本之特征》中，论男女之特色，颇有兴趣，取其大意如下：

女子非历史的及文化的事情上偶然之生产物，而为生物学上最重要之目的物也。盖男性发生在女性后，为女性所分出。动物之中，其牝者能蓄潜势力以维持继续其种族，故牝者可称潜势的个体。下等动物中，有仅为雌性而具传种之力，最初原始时代之生物，唯雌者存在而已。例如某种下等动物，及隐花植物类，仅有雌而无雄。有一雌体，即能绵延而继续其子孙，亦皆为女性而非男性也。当此时代，仅有女性的个体而已。第二之生殖，于某时代为完全女性。更历数代，则男性出而替代之。数代之后，复归于女性。最后则无论雌雄所生者，皆为女性矣。然此女性之个体，有时或能生男性者，但此男性个体之全势力，于一代之中，即消灭净尽。女性则反是，剩余之部分，其绝灭也渐。斯时仅存者为女性，其子孙亦大都相似也。反之，男性的个体，其细胞为高等之种，能发达其独立之有机体。是以男性显露之后，生物渐形复杂，而促进有机体之进步矣。人类之生理亦然，男子之筋肉系统，较为发达。而女子则藏蓄于内。脑髓之绝对重量，男重于女；与体重比较之重量，则女重于男矣。故除运动之外，凡记忆，感情，欲望等，女子则绝对的强于男子。女子之形成腺较为发达，故疾病刃伤等，痊愈亦速。自历史上言之，昔日重男性的道德，希腊之美术，亦带有男性之性质。其有名之女性，亦皆为男性的女子也。时至近世，始由基督教等尊重女性的道德焉。要之，男子由女子而生，女子为干，而男子为枝也。男子每偏于一方，故天才既多而愚鲁亦众，发见发明之都属于男子者，职是故耳。至女子，则处乎中庸之道，天才固少，而愚鲁者亦鲜也。

奥特氏为美国有名之古生物学家及社会学家，所著《纯正社会学》中，主张女性中心说，其大要如下：

生物界种族之保存，最初以女性为绝对的必要。所谓男性者，则以生物进化之故，附属而发达者也。女性能生产,故凡生产之物,莫不可视之为女性。试自原始的生物,通观一切生物界之生殖状况,则知生物之生命,始于女性也。夫渐进于高等动物之时期间,仅有女性有机体,为之生殖。最初男性未尝存在也。即以现今全世界之生物而计之,其有男性之生物,实较仅有女性者之数为少。女性之于生物,为始终一贯之根干,男性殆其枝叶耳。不观夫下等动物乎?雄者仅以授精而生,一旦授精之任务既毕则立毙矣。况就昆虫而观,雌之身体,往往较雄者为大;即雌而不及雄之大,其性亦猛于雄。由此推论,则所谓女性中心说,良非诬也。至高等动物人类之男性,所以优于女性者,以雌雄淘汰之结果也。人类之原始时代,亦何尝不以女性为中心哉?自家长制度成立后,始承认男性有优越之权,嗣后曾有视女性极卑微之时;而最近两世纪以来,女权扩张之运动已陡起,是又足证女性中心说之非诬矣。

男女共学问题

宣统二年（1910）

男女共学之利害，议论纷纷，莫衷一是。就种种方面观之，则分校为正则，共学为权宜。二者当兼采之，不可拘泥也。

主张分校之理由　男女有别，不可混于一处。一也。男女性质不同，教科当随之而异。二也。男女处世，地位不同，所需之知识技能亦应各异。三也。男女体力脑力，有强弱之分，共学不免有仰企俯就之弊。四也。

主张共学之理由　十二岁以下之儿童，脑力体力，男女无大差异。情窦未开，决无嫌疑。况男女性质不同，正可借此调和。男受女之感化可变温和，女受男之感化可期活泼。交际既惯，成人之后可无羞涩退缩之患。此学理上共学之理由也。分校则人才经济诸多困难，共学则无此弊。贫僻之区，设一小学已属勉强，断不能再设女校。若不令共学，女子必无可肄业之所。强之分立，不唯女校不克成立，男校亦必受其影响。况极贫之区，并一校而不能设立者，比比然乎。欲不令男女共学，是无异不令女子受教育也。此事实上尤必共学之理由也。各文明国中学以上，多不共学。小学则未有绝对不共学者。风俗固有不同，而事实上亦有不得不然者在也（欧洲古代宗教教育系绝对不共学）。

今之反对男女共学者，多以男女有别为词。不知髫龀之年，有何妨碍。吾国社会风气，小学堂男女共学，固未尝绝对的反抗。即科举时代言之，十二岁以内之女子出外就傅者，亦数见不鲜。唯讲道学者泥古不化。女子读书，已所不欲。男女共学，更视为有伤风化。故部章订明"女子小学堂与男子小学堂分别设立不得混合"（女子小学堂章程立学总义章第二节）。然欲普及教育，则事实上决不能行，徒令办学务者困难而已。

虽然，男女共学，固非绝对的无弊害也。十二三岁以上，情窦渐开，色情感动，在所不免。不唯道德上可虑，亦卫生上之大问题也。主张共学者，不可不知。任共学之学堂堂长教员者，尤宜注意。

余固反对绝对的分校说者，亦非主张绝对的共学说者。窃以为初等小学学生在十二岁以下，应不分男女，一律收纳（近见男女共学之小学堂，限女生年龄而不限男生，颇非善法。余意男女均应限制，万不得已，宁限男生而不限女生）。高小以上，自应分校。然若十分贫僻之处只能设一单级高等小学者，仍当共学，免令女子失学（力能设二级者，即可设男女各一单级）。盖即十二岁以上之男女共学，苟管理得宜，其害甚小。若坐视女子失学，则其害百倍于共学矣。

男女所需之知识技能，固不相同。然其不同者，特女子之家事裁缝而已。此二者可特别另课女生，并无困难也。

饮食男女与教育

民国七年（1918）

（一）绪论

《记》曰：饮食男女，人之大欲存焉。孟子曰：食色性也。盖不饮食，则人类无由生存。无男女，则传衍乏方，人之类灭久矣。故饮食男女为人生最大之二条件也。

夫饮食男女，既为人生最大之条件，则教育者亦教育其所以饮食男女而已。盖饮食男女之适宜与否，实为善恶邪正强弱夭寿所由判，不唯与人生有最大之关系，亦与人格有最大之关系也。

闻者疑吾言乎？吾请举数例以证明吾言之匪妄。禹思天下有饥者，犹己饥之也。太王治岐，其成绩为内无怨女，外无旷夫。是古圣最大目的之平天下，不过希望天下之人，得所以饮食男女而已。近世国家，率以面包问题、生殖问题，为最焦心劳虑之事。面包不足，而生殖过繁，则不得不图殖民地之扩张。于是政治竞争、经济竞争，乃至杀人千万之大战争，均由是而起。即今日我最痛心之山东问题、满蒙问题，亦何尝不如是，不过易面包为米耳。而彼生殖减少者，如法兰西等国，则又日以人口不繁、人种灭亡为忧。谋所以增生殖之道,不遗余力。其政治家之重视此问题,较之莱因河上之胜负殆有甚焉。德国此次之败,非败于军略之不良,非败于军器之不利,非败于军费之不足,实因食料缺乏壮丁渐少之故。质言之,即败于饮食男女之力之不足也。呜呼!世界上种种重大问题,均由是而起。饮食男女之关系人生,顾不重哉。夷考我国历史,则尤可寒心。盖既无殖民之方,则彼过剩之人口,听其饿毙及自相残杀而已。数千年来之一治一乱,无不视此,岂真王者王佐之能治哉。

世人种种恶德,其根源均由于饮食男女。谎也、盗也、杀也、淫也,何一非饮食男女之为厉。而种种善德,亦由于饮食男女。如勤以获得,俭以持久,仁则令人得饮食男女之道,义则各适其宜,而免饮食男女之争。伦理上之父慈子孝,兄友弟恭,夫义妇顺,更无一非以得饮食男女之道为前提也。故吾以为观人之法无他,视其饮食男女之道得宜与否。得宜则为善人,为君子;失宜则为恶人,为小人。圣贤仙佛之苦口婆心,教育家之教之育,哲学家之研究讨论,其最初之根源,均由于欲人得饮食男女之正也。

更就风俗上言之,土瘠民贫,风俗窳败,其里面固含有饮食男女之不足也。地方富饶,风俗淫逸,其里面固含有饮食男女之过度也。就卫生上言之,食不足者,营养不良,身体瘠弱。食过度者,消化不易,百病丛生,甚则促其天年。无家室者,缺身体之调和,精神之慰安。色欲过度,与有邪淫行为者,心神不安。身体虚羸,甚亦促其天年。就经济上言之,则与其多食以耗物产而耗体力,何如节食之为愈。即以米论,我国人口四万万,每人岁节三斗,综计之为一万二千万石。石售五元,则六万万元矣。夫何民之苦贫而国之不富也。国债二十万万元,三年所节之米足以偿之矣。男女之欲，加以适宜之节制。生殖勿过繁，则赡养之费省，精力日强健，则生产之力增。所省所增，吾虽不能举其数，然在经济上必有绝大之价值，可断言也。

（二）饮食教育之商榷

饮食教育，古代已有之，近世研究愈臻进步，似无待烦言矣。然有两大问题，为曩昔所未注意者。无形之中，社会国家家庭个人均受其害，不可不亟起研求也。兹略述之，唯限于篇幅不能详耳。

第一分量问题。就余个人所经历，十余岁时不知卫生之道。以食量之豪，雄于侪辈。每日食饭至十余碗，肉类可一餐斤余。然疾病时生，体力虚弱。弱冠前后，略知卫生之道，减十之四，体力反渐强。十年以来，信仰少食学说。早间或饮牛乳一杯，或食鸡卵、饼干少许，或竟丝毫不食。午餐晚餐各一碗许，肉类几于不食。助餐者，不过鱼类、蔬菜而已。所食之分量，较之二十年前仅四分之一。体力不减，皮肉紧实，精神尤旺。向之劳力数时、疲乏不堪者，今则终日碌碌亦不之觉也。吾国人习惯以努力加餐、饮食增进为佳，实与卫生之道相反。在经济上尤为不合。牺牲身体，而消耗粮食，是亦不可以已乎。此次欧洲战争，食物缺乏，以统计政治医学之发达，减至最低之量，而无害于人生。吾知此后将于此点益加研究，限制饮食，以求卫生之适宜，食物之余裕，而免以面包问题，演杀人千万之战争也。

第二混食问题。吾国人有最奇之两现象。一则北人食面南人食米。北人谓食米不饱，而不之喜。南人则不认食面为食饭。豆类杂粮类，该地苟非习食，则几不认为充饥之物。

此实极危险之现象也。故一遇大战争，或大水旱，辄困难万状，补救无方矣。一则中上社会重视肉食。余游踪所及，或宿旅馆，或宿人家，常苦不得蔬菜。可见此种人殆全以肉类佐餐，而不食蔬菜明矣。夫肉食者鄙，古训昭然。杀业重重，佛法所戒。价值较昂，殊不经济。纤维质少，尤不卫生。何其愚也，抑亦囿于习惯之故欤。余以为今日须亟图混食。米也、面也、豆也、杂粮也，当混合食之，勿使偏于一种。肉食虽不能戒绝，亦当少食肉类，多食蔬菜也。

下述两问题简单易行，并无何种困难，且不唯不需多费，反可节省费用。不唯有益于个人之卫生经济，实于国家之根本，物产之盈绌，有莫大之关系。自学校以推行于家庭，虽不能旦夕呈功，然假以岁月，其效必有可睹也。

（三）男女性教育之商榷

男女性之欲，自生活上言之不如饮食之重要。自精神上言之其关系之大，入人之深，迥非饮食所可比。然在古代，均认为人生之秘密，口不敢道，笔不敢书，听其自为发展而已，更何有于教育云哉。其进一步者，亦不过曰少之时血气未定，戒之在色而已。其与人生之关系及如何戒法，具何理由，终未由明也。欧美教育界近世纪来，研求甚盛。性欲教育学Sexuelle Pädagogik蔚为教育学中之重要分子。溯其起源，盖在十八世纪之时。卢梭所著教育小说《依米儿》（按：今译《爱弥儿》）、德梭（瑞士人医学家也）所著《手淫与疾病》两书，实为此学最初之明星。《手淫与疾病》一书，论青年时期为人生最大之危险，而其危险又悉根于性欲。欲性方启，不知利害。手淫恶习，鲜有不沾染者。故彼详论手淫之害，又述因手淫而致之疾病，如何防闲，如何治疗。出版以后，风行一时。译为德文，重版多次。欧美各国，均认为有裨世道之名著。其后主张者，反对者，各有其人，宗教家尤为反对之中坚。近二十年来，欧洲青年风纪愈趋愈下，生殖器病蔓延猖獗。手淫之害，日益彰著。社会学家、医学家、伦理学家、教育家等，群唱欲救济社会，必自实施性欲教育始之说。学校卫生会议生殖器病防止会议，每以此为重大议题也。

男女性之欲，出于天然。青年少年时代，有随时随地触发之恐。与其听其自然发生种种不良之事，为道德上生理上之害，何如视心身发达至相当时期，施以相当之教育，令其详知利害，自加防闲。一方以道德宗教为性格之陶冶，令其详知礼法，自加制止。由此而往，必可减少风纪之紊乱，生殖器病之蔓延。在人种上固可免弱亡之惨，在学术事业上尤可以弥满其精力，获无穷之裨益也。至用何种方法，有利无弊，目下尚无定论。最有力者，则为直接法间接法两种。直接法，即直接授以性欲之知识。间接法，即根本上为意志及身体之陶冶，注意饮食起居风纪等，使其减触发之机，有自制之力。此两法之是非利害，殊难判断，然吾以为当两法并用也。

（四）结论

呜呼！吾教育家乎？教育之道，即在寻常日用之中。好高而恶卑，忽近而图远，则不唯无益而又害之。袁君观澜告余：谓江苏沿海岛屿中，尚有终身食草之人，当思有以救济之。余告之曰：吾以为此种食草之人，若令其改食米麦，是害之也。不如因势利导，令其长得草食，勿危生命足矣。某君因其子手淫冶游，终日愁叹。初则为老生常谈之规劝，继则为之娶妇，然殊无效力。不过牺牲一女子，自怨薄命而已。此两事均含有无穷之趣味，至大之道理。研究而解决之，则社会国家受赐不鲜矣。吾教育家盍舍其高远之希望，一讨究之乎？余跂望之矣。

论近日风化之坏及其挽救之法

民国二年（1913）

民国二年二月二日，余自粤返沪，候船香港，旅舍临海。波涛澎湃，星月皎洁，闲居无聊，手日报读之。见某报载有自由女现形记，某某报屡载自由男自由女纪事。作而叹曰：天下之事，适中为善，过则为恶。风化之坏，良可慨叹。然有风化之责者，或倒行逆施，躬冒不韪；或舍本齐末，徒弄笔舌。是二者善恶是非，虽迥不同，而其无益于风化则一也。饮食男女，人之大欲存焉。有欲方有希望，有希望方有进步。社会实赖人欲以生存，以进化，欲固可厚非哉。苟其无害，听之可也。或虽有害，而祸不及于社会国家，则亦听之可也。无如欲念太甚，精力财力日力，消耗于隐隐之中。儿女情长，英雄气短。强者弱，富者贫。虽至愚未有不知其非也。知其非而犯之者累累，果何故哉。岂人之性恶欤，抑亦有所以导之者欤。

余据所见闻，敢下断语曰：实有所以导之者也，家庭导之，社会导之，大人先生导之。夫欲本赋之于天，导之以善，犹时有踰越范围之忧，况导之以恶哉。

所谓家庭导淫者有五。髫龄子女，仍与同室。自谓子女不识不知，实则业已祸之。一也。姬妾众多，甚或出身勾栏。

子女成童之际，偏获最不良之模范。二也。童仆女婢，情窦初开。教淫诱奸，时有所闻。三也。子弟娇养，婢媪伴卧。顽婢淫妪无论已，即使贞正不苟，而电气摩感，迫开情窦。四也。谰言秽语，习与性成。五也。所谓学校导淫者有四。聚无数气血未定之男女，有一顽劣便足引坏无数。一也。寄宿人众，舍监疏忽，胡言乱语，甚至同性相奸。二也。同性相奸不唯男校有之，女校亦然。余确知之，特不愿宣示校名，损人名誉耳。办学者尤当注意也。执事人员，或言谈笑谑，或宿娼妓吃花酒，皆足导学生于淫。至女校执事人，与学生有暗昧情事，或本因渔色而办学，其罪更不容诛矣。三也。最近广东曾封闭一校，即办学渔色者也。华服敷粉，竞尚修饰。主其事者不唯不加禁抑，或更以身作则。此风女校极盛，男校亦不免焉。商埠都会，女学生与妓女，实难判别，无怪人之指摘。日前某粤报短评，言近日少年无不衣裳楚楚，冀奔走自由女之后而得其一睐。又言近日少年尾自由女后，装腔做势，尚觉可观。然置之文墨场中，已觉毫不足取。若令任事，则更无所能矣。此语虽嫌稍虐，然按之实际，非尽虚语。此学校之过，亦社会风尚之过也。盖吾国今日之社会，有饮食男女之事，无高尚壮美之风。夫人心不可无所寄。公余之暇或事运动，或事音乐，散步公园，阅览书报。劳动疲其筋骨，格言动其心性，或可冀放心之少收。吾国素无此种设备，于是消遣之法，仅饮食男女及鸦片赌博耳。曩者礼教之说，深入人心。即有荡轶，深畏人知。迩来自由之说，以讹传讹。于是桑间濮上之行，行于稠人广众之中。夫畏人知而密行之，其害仅及一己。不畏人知而公然行之，则人人羡慕，人人效尤，其患不堪设想矣。益以吾国男女之防素严，一旦弛防，则饥不择食，破蕃抉篱，奸诈欺骗，纷纷起矣。于是视苟合如伦常，视离婚如拆伙。一夫多妻，一妻多夫，实则只可谓之一男多女，一女多男，盖不成其为夫妇也。豪杰伟人提倡于上，乳臭男女响应于下。由今之道，无变今之俗，国亡种灭，可翘足待也。吾人常谓日本为淫国，然较之吾国今日，尚有一日之长。盖彼尽力当兵讲学，以余力肆淫。吾国自由男女，殆专力为此，不顾其他也。古谓英雄好色才子风流，今则好色风流而不英雄才子也。尝见极不通之情书，自命风流可发一笑，尤堪一哭也。然则如之何。曰：是不难，亦唯于教育注之意而已。条述于下。

（甲）着家庭教育浅说，各处宣讲，或刊送，详述饮食衣服运动起居之事。其要有五。饮食宜择少刺激者。茶酒等类，不宜多食。一也。衣服宁薄勿厚。二也。奖励运动。三也。自幼养成独眠之习惯。四也。家中勿用婢童，仆人傭妇宜择老成者。五也。

（乙）注意学校管理。其要有六。校舍宜择清旷之地，勿近纷华之场。一也。管理宜严，有寄宿舍者尤宜从严。二也。养成自治之风。三也。讲生理及修身时，说明卫生修己之道，尤须校长教员为之模范。四也。课外阅览之书，宜慎为选择。五也。出外必着校服。六也。饮食运动与甲同。

（丙）改良社会。一面由国家取缔之。如禁演淫戏，内地花鼓戏及天津戏园男女合演尤坏。禁售淫书。妓寮强令设于一街，未成年者及学生，强制不许涉足。

（丁）宣讲生殖之理及淫乱之害。如害于卫生，害于家庭，害于经济，害于国家等。

（戊）提倡优美壮美之游戏。如运动演说音乐公园等。吾国旧有者如弈，如字画，如弄骨牌等，皆可提倡者也。

吾所云云，皆至正至浅之法，纯从利害一方面计，非如腐儒空谈名节也。即无风化之害，亦当行之，不过于今尤急耳。或谓淫乱之人究竟不多，不可一概而论。余曰：不然。正因其不多，而挽救愈不容缓也。盖淫乱有已形者，有未形者。彼未形者，岂皆无欲念哉。或胆小而不敢，或顾名誉而不肯，或因防闲而不能。一遇外诱，其祸立见。盖是皆客观的克制，非主观的克己。盖非心有所寄，或真明其利害，终无主观的克己也。

余著论竟，复读一过。觉意思不甚明晰，恐读者误会，或反益社会之退化。今更假或问，作余谈数则，以明吾志。

或问如君之言，自由结婚，不可行乎？曰恶。是何言也。结婚不自由，社会终无由进步。但须明定界限，年岁。一也。未结婚约前之交际法。二也。将订婚约时之手续。三也。草草苟合，岂真自由结婚哉。

然则离婚奈何？曰：离婚亦无不可，但必须真有不能相处之理由而后可言离婚。若轻易言离，徒留精神之痛苦，大不可也。

然则孀妇当守节否？曰：听其自己。孀妇再醮，人情之至正，犹之男子之续娶也。若不愿再醮，则亦不可强之。

吾国习俗：不自由结婚，不离婚，不再醮，有利否？曰：有利。少年男女阅世尚浅，人之情伪不能尽知，加以当局者迷。故欧美诸国骗婚之事，时有所闻。父母苟非昏愦，苟非别有心肠，断不肯害其子女为配怨偶。况父母年岁较多，阅历较深，不如少年之易受骗也。夫妇离婚，为人世至痛苦之事。故西国常有一造强离，一造自杀者。即彼愿离之一造，清夜自思，精神上讵能免痛苦耶。况既可离婚，则时时为备。不免见利则合，见害则离。若不能离婚，则一与之齐，利害共之，关系切而情谊自浓也。

孀妇强半生有子女。为子女教育计，自以其母不再醮为善。此其一。下等社会，向许再醮，致时有谋害本夫以图再醮之举。世族之家，鲜有此事，以其不能再嫁也。此又其一。但强制不许再醮，甚或过门守节。青春少妇，抑郁以终。强制有人，赡恤无主。至谓失节事大，饿死事小。此则大背人道者也。

或问笔记小说，有女子失身以救其父母，妇人失身以救其夫婿翁姑，孀妇失身以救其子女。某国妇人有失身为国探敌之事，于道德无亏乎？曰：无亏。吾斤斤于风化之善恶，为个人；为社会；为国家之利害计，非空言名节也。若为一己名节，坐视其父母夫子国家之亡而不救。即至贞节，抑亦非人类矣。庸俗不察，妇女偶履嫌疑之地，每至以死殉之。知有名节而不知有家庭国家社会，甚至逼死女媳以求贞烈之名，此又风化之害也。

色欲与教育

宣统三年（1911）

色欲为教育之障害。古今东西，无不同有此感。近一二月，吾国当局对付此问题者有二事焉。一则学部唐大臣禁止学生冶游，并行文民部，不许娼寮接待学生。一则江宁劳提学通饬宁属女学，一律改为星期五放假，冀与男学堂不同一日，以避嫌疑而励贞节。是二者皆所谓不揣其本而齐其末者也。然教育界受色欲之障害固不可掩，其影响于国家前途者亦匪浅鲜。爰就事实与学说，一论究之。

色欲果何物乎？果何自而生乎？此实研究本问题者亟须明之者也。天之生物，不欲一传而绝，于是赋以生殖之能力。色欲即生殖能力之表现者也。岂独人类为然，凡含生赋气之伦莫不然也。质言之，无色欲即不能生殖，而人类生物皆将灭绝，世界亦随之而息矣。大哉色欲之为用也。

唯天赋生物以生殖之能力也，故予以生殖之器官，与夫刺激性欲之机关。其在动物，刺激尤著。或以视官，或以听官，或以嗅官。以视官者，率有显著之彩色形状。鱼鸟昆虫猿蝶，有显著之彩色者也。鸡之冠，孔雀之尾，猿之髭，有显著之形状者也。以听官者，率有显著之声音。鸟类之鸣，猿鹿之啼，是也。以嗅官者，率具特别之臭。麝之香，昆虫之分泌是也。此种刺激机关，皆天之所赋。秉之者特顺乎天赋，行其所不得不行，无自主之力也。

人之性欲，亦同此理。男女既秉天之所赋，由生理而生欲念，乌能窒之塞之。且亦不必窒之塞之，尤不可窒之塞之也。然则如之何而可。曰：亦唯裁成之使衷于理而已。妄施窒塞，不唯无益。而一旦溃决，更或不可收拾。若不知裁成，妄施窒塞，而靦然曰：吾整饬风化也。窃恐结果与其所期，适背道驰也。

吾岂不知色欲之为害哉，吾岂不知无解之之术哉。然听其为害而不谋所以袪之，非国家社会之福也。听当局者措施失宜而不一言，尤非国家社会之福也。吾今请论社会风习之坏及唐劳二公之误，更请进述补救之方。此实吾国国力所关，岂唯教育上之问题也哉。

社会风习之坏，至今日已达极点。而其致坏之由，半出于色欲，无可讳也。彼无人管束者，童年冶游，溺不而返。重者丧失性命，灭绝子嗣；轻者身患痼疾，遗毒妻子。一人冶游，害及一家。其毁家产，败名誉者，更无论矣。管束过严者，率不免陷于手淫。于是青年夭折者有之，终身虚弱者有之。甚或秘密苟合，同性相奸，其为害更烈。夫国家社会为一人一家所集成，人与家病，国家社会亦随之而病。吾恐吾国弱亡，将不在他事，而在此不加裁成之色欲也。然此亦不唯吾国。德之大学学生，什九染花柳病。日本高等以上之学生，什九有疾，其疾亦什九原因于酒色。唯其国人知研究，知裁成，又有精深之医学继其后，故为害尚不似吾国之烈耳。

世界愈文明，色欲之为害愈著。其故有三。一则刺激事多，神经敏锐。一则生计维艰，旷夫怨女之数多。一则年十四五，知识即开，而结婚率在二十四五以上。此十年中，正血气未定欲性最炽之时。苟非操守坚定，鲜有不为外物所诱者矣。

冶游之事，岂一禁所能绝。能禁其在学之日，不能禁其平日，尤不能禁其卒业之后也。不许公娼接待学生，不能禁私娼接待，尤不能禁苟合。况学生与常人有何标帜，能令娼家识之而不接待。禁令之事，必有最后之对待方法。设娼家违命接待，又将何以处之。此唐大臣禁令之不行也。劳公政策，尤为可笑。男女在社会之中相接之机缘至多，岂唯星期放假之一日。社会之中，男女各半。岂学生之外，即无男女之性乎？男女学生之间，未必以放假异日遂可绝其相接之机缘。学生以外之人，更无从以放假异日而能绝其相接之机缘。然则是亦掩耳盗铃，自示表异耳。按之实际，毫无益也。

然则如之何而可。曰：凡事必探其本，清其源。解决此问题者，有政治上之方法，有教育上之方法。政治上之方法有二。监督公娼，以时派医验明，有恶疾者禁其营业。一也。取缔娼寮，不许接待未成年者（是否学生无从判别，是否成年极易判别也），违者重罚。二也。教育上之方法有四。高小中学之修身科，诏以夫妻之制，与夫非礼行为之害。并注意训练，俾其严于束身。一也。中学博物科授生理卫生时，略讲生殖卫生与夫色欲之害。二也。建筑校舍，择空旷清静刺激鲜少之地。三也。奖励运动，既可强身，又可令其微感疲劳，易于安眠，自无妄思妄念之机会。四也。依此行之，虽不能谓其遂能免害，然亦可以末减矣。

呜呼！吾国学子受色欲之害，不自今日始矣。自昔诗书歌咏，提倡风流。名士美人，传为佳话。科举时代风气之坏，殆倍蓰于今日。诸公方令高小读《诗经》，授以桑间濮上之篇，而欲端士习励女节，岂可得乎，岂可得乎。

教育存卷四终

 卷五

我之童子时代

民国三年（1914）

我生于陕西汉中府，幼时之事多不记忆。唯有数事刺激甚烈，印象甚深，至今犹能言之。

我五岁时，我母教我识字。后我母病，我父令我入塾。塾在汉中府署花园内汉台上，即汉高祖拜韩信为将之处也。塾师甚严，我甚畏之。有时我淘气，师辄拧我耳。我恨极，非上课时绝不登汉台。我母病愈，我仍由母教，不复入塾。

汉中府署颇大，夜游必秉烛。我父不许，我恨不能自制。正月中出游街衢，见人制烛大喜，归于乳母商（彼时我已断乳，但仍由乳母照料）。取堂中供祖宗之蜡泪，置釜中熬之。乳母代我以灯蕊扎烛心，我则以之投入釜中，遂成极细之烛，夜间出游辄然之。自用自制之物，其乐诚不可及。

一日与我弟踢毽子，闻人言制毽不可用死鸡之毛，须拔生鸡之羽为之。我乃令乳母为我捕一雄鸡，拔其尾上之羽。方拔一羽，鸡大啼。我恶之，令乳母捉其嘴，迨我拔毕鸡已闷死矣。我心大哀伤，自后不虐生物。一日见人熔锡，归而效之。觅得旧锡壶一，日日熔之。或倾地上成一平面之物，或倾水中成假山。不及一月，锡皆变粉，不能再熔矣。

一日在厨中弄火,一炽炭入棉裤中(时着开裆裤),棉裤出烟。乳母见之趋来,我见其来亟奔出。彼逐我奔,卒至炭火伤肉,痛极不能行方止。迨乳母取出炭火,我腿肉已焦矣。

我五六岁时,能斗骨牌,能上树。六岁冬季由汉中至南昌,途中行八十四日,有数事我至今不忘。上船之际,我舅氏家诸人相送有泪下者,我母亦下泪。乳母送我等至城固,我坚不令去。我母召我,乳母乘机上岸。我知之,大哭不已。我母曰:汝必不舍乳母者,汝偕之去。我方止哭。

舟行至汉水最险处,我与仲弟由二仆偕上岸。舟由左右前后四纤牵之,行于两巨石中,小不慎成粉碎矣。我等在岸观之,殊心悸不止。

舟抵老河口,换巨船达汉口,眼界为之一阔。始食大虾(汉中仅有小者且不佳),甘美无伦。旋侍我父访戚武昌,小艇遇风颠甚。大呕,虾尽呕去。我弟笑我无口福。

岁暮抵南昌,戚友尊长,询我途中情形,我一一告之。后遂成为例。每见我必令我背沿途地名,我辄以汉中、城固、兴安、均城、老河口依次答之。我七岁至十二岁之际,非常好弄。兹择最有趣之事述之。彼时记忆较强,记得之事,实不止此也。

八岁之冬,我母大病。祖母及女佣极信佛,辄以信佛诏我。我母病重时,令我往城隍庙求神。我入庙肃然起敬,虔心祈祷。未几,我母得良医病旋愈。祖母女佣,以为神佑。我亦深信之。南昌风俗,五月间辄赛神。祖母命我等见神必拜,否则有祸。一日人家嫁娶,花轿行过。我以为神也,亟下拜,见者皆大笑。我方知其误。

我幼时悉受母教,唯九岁一年,因母病初愈,出就外傅。业师刘姓,以能文名。初入学时,我极痛苦,后渐习之。年终求吾母曰：明年仍在家受母教，不愿入塾。母允之，自是遂悦学。

南昌戚友甚少，最相得者为我姑丈之弟张丈书和，其侄张裕珍女士及望衡而居之伍纫香君。三人皆与余同岁，当七八岁。恒往姑丈处与张君叔侄嬉戏，以骨牌作人家，天牌、人牌、长三、五六、梅花等，用作墙或几。而以三六、二六、三五、二五作男子，幺四作女子，和牌作中年妇人，地牌作童子，长二作男仆，幺五作婢，五四作女佣。玩之终日，津津不倦。每日罢课，辄至门外与伍君谈话嬉戏。风雪之外，无日不然。前岁邀与共事，今春已归道山矣。悲夫。

一日与群儿戏后园中。倚屋有梯，我缘之而上，写"大王在此"四字于屋漏。写未竣，我母适来，惧我之见而惊堕也，亟趋入。夜间方扑责之。

九岁夏日，我母惧我等戏于烈日下也，奖励习字，每写一张给制钱一文。我努力为之，最多之日写至五十六张。倦则不写字而阅纲鉴，余文理未通，每多附会。一日阅《明鉴》见有"陛下负臣，非臣负陛下"，询吾母曰：臣不背负君，反令君背负臣。此何说也。我母大笑，旋为解"负"字之义。我恍然曰：然则犹云他对不起我，非我对不起他也。

我家厨夫侯姓，我人呼之曰老侯。老侯于吾父结婚之年来吾家，去岁方去，年七十矣。在我家三十余年，谨慎忠实。吾家人皆喜之。唯嗜酒，日必饮少许。我散课后，辄以酒饷我。一日我饮大醉，我母责我。我因醉中大呼曰：打死我亦要饮酒。母大恚。及醒，母告我以酒之害，自是不甚饮。八九岁时，与群儿作贸易之戏，以香扦（焚香剩余之根）作货币，以种种玩具作货物，久之余积香扦盈箧。忽罢贸易之戏，而为烹钰之戏。购泥制小锅炉,而以香扦作薪焚之。前之视为货币者,今忽以薪视之。儿童性质之变化,何其甚也。

十二岁后性质一变,不好作儿时嬉戏。两弟嬉戏,余必扰之。一日两弟玩泥人,布满桌上。见余自外至,大惊曰:哥哥又来了。急收拾而珍藏之。彼时余好习画,我父恐妨读书,严禁之。我则于黎明起床时窃习之。十四岁时,邻人浼我绘屏四条,悬之堂前。邻人之母以我绘告我父,我父不之信,我极得意。然自后好阅新书,自习算学,不理绘事矣。

十三四岁时,好为高远之理想。忽欲为商,则以大富豪自命。忽欲研究文学,则以大文章家自命。忽欲为美术家,忽欲为教育家。最奇者,某年阅探险小说后,思于东三省或沿海岛屿中,择一地经营。如何布置,如何进行,如何练兵,如何与外人战争。种种计划,思之数月,且询总角诸友,孰愿偕者。及今思之,犹忍俊不止。

内庭趋侍记

民国八年（1919）

今年清明前十日，我妻忽然死了。我正患流行感冒病，尚未大愈。加上悼亡悲伤，身体更不好。许多朋友劝我换地休养。我就往杭州去，在西湖边住了十天。本想多住几日，遍游山里的胜景，无奈心绪不佳，天气又一晴一雨，竟没有一天游山。每日午后，只在湖上划船。夜间不甚要睡，想起这五年中慈母弃养，良妻死别，心中好不自在。转想到做小孩时的情形，于是将我母亲如何教我，如何育我，我兄弟三人如何读书，如何做事，如何游戏，一样一样都想起来了。因为没有兴致游玩，又遇见上海一位朋友死了，我就匆匆回来。从前我的书籍衣服文稿信件，都是我妻替我保管，现在何物放在何处，全不知道，只好慢慢的检点检点。今早检出我民国四年作的祭先妣文，不知不觉的读起来。

维民国四年六月十九日，哀子逵谨以清酒庶羞之奠，致祭于吾母之灵曰：哀哀苍天，曷其不仁，夺我圣善。逵等兄弟，遽为无母之人也。吾父吾母，生我劬劳。逵等兄弟，差得成立。堂上双亲，方思报哺。不谓吾母遽以五十四龄之中寿，弃逵等而长逝也。回溯儿时，父恒远游。祖母老矣，偶然多疾。母侍祖母，无微弗谨。老人之心，殷殷曲体。馈遗亲友，必丰必盈。虽典钗珥，亦所不惜。母与儿辈，食贫甘苦。蔬菜之属，日四十钱。自非朔望，不得肉食。以此瘠苦，铄其形神。癸巳之冬，一病数月。气喘腿肿，床席辗转。尔时体健，幸得告痊。不谓病源，于兹已伏。二十年来，时作时愈。今竟以此而使逵等痛百身之莫赎也。戊戌之岁，实生亡妹。厥月未弥，祖母疾剧。母以孱躯，伺候扶抱。汤药之属，亲自煎和。矢溺之秽，亲自浣濯。凡两月余，昼夜靡懈。祖母年老，竟嗟不起。母以积劳，复罹大痛。母之形神，自是愈衰。其时逵辈，童子无知。不能分劳，反增母忧。逵辈兄弟，载惷而顽。母之督率，宽严并用。黎明即起，起则早餐。七时栉发，八时课读。手理针黹，口授经书。逵读孟子，均自母讲。母之所讲，怡然涣然。公孙丑篇，不动心章。母云艰深，未之授解。逵虽屡读，成诵为难。膝下呀唔，恍如昔昨。枕凼回思，肝肠断绝。逵与仲弟，从师日少；亦有叔弟，未就外傅。兄弟三人，依依家庭。庭训之外，均赖母教。母谓逵等，士贵立身。科举官吏，已为弩末。帖括之学，不可为训。训经既毕，复授史鉴。行有余力，则习珠算。旁涉绘事，并及弈棋。戏嬉弗禁，谰言必惩。邻右顽童，戒门以绝。唯逵不驯，屡舞蹲蹲。母则大怒，时加扑责。以逵之顽，不入下流。饮水思源，深恩何极。不谓一瞑，弃逵而逝。痛乎今日，母今安在。虽欲趋内庭受扑责而不可得也。犹忆乙未，自秋入冬。逵与叔弟，俱病虐疾。医药调护，实劳母心。时而蹶冷，母则抱之。时而作热，母则煦之。女仆赵姬，母尝与言：两儿不起，吾其死矣。痛乎今日，母竟长逝。而两儿者，靦然面目，尚偷生于人世。迄乎癸卯，逵年十八。意将游学，与母话别。母曰儿乎，好自为之。蓬矢四方，男儿之志。身体名誉，幸自保持。无或毁损，贻父母羞。行矣勉诸，毋为我念。逵秉母训，茕然赴鄂。逵既赴鄂，招仲偕往。楚报事作，先后莅沪。逵图餬口，仲则就学。遭家不造，吾妹又殇。庭帏承欢，唯叔在侧。丁未岁暮，逵归省亲。其时沪上，南洋公学。招考插班，事属例外。欲偕叔弟，来沪应考。顾瞻膝下，含意未申。载告严君，曰视母命。母则大喜，迅制衣履。敦促就道，顾谓逵等：吾子成名，吾死亦瞑。豁达大度，如母之贤。彼苍者天，靳以遐龄。训子之报，未获万一。于以叹天道之果无知也。四年以来，逵与同志，组织书局。局事奔走，定省无恒。去岁赴都，母发旧病。儿归延医，饮以铋水。越旬渐愈，逵方心幸。今年之春，逵赴燕鄂。不谓母病，颓然又作。比逵反沪，为仲娶妇。母犹欣然，顾而乐之。旬日以来，并未增剧。德医诊视，渐克告痊。端阳前日，为母寿辰。方期祝嘏，以博母欢。一刹那间，变生不测。昊天罔极，竟夺吾圣善之母而去矣。呜呼痛哉，呜呼痛哉。沪滨租界，规则所限。将以明日，恭扶母榇。暂时安厝，京江公所。并拟在沪，卜地择吉。窀穸是营，以奠母魄。庶几岁时，便于展拜。灵輀在门，载泣载言。父年虽高，起居如恒。伤怀之余，精神尚健。叔弟在美，驰函告哀。依时资给，不令失学。逵之顽躯，如母生时。回视吾仲，亦颇自勉。儿妇婉娩，仲妇亦贤。在天之灵，勿以为念。呜呼吾母，儿家无母，家已中堕。儿辈无母，非夭即愚。儿方成立，母忽长逝。鞠我之恩，如父如师。儿今失母，岂唯无恃。训诲保抱，凡三十年。高天厚地，孤负深恩。呜呼吾母，呼母不应，哭母不闻。死而有知，儿其遇母于梦中。呜呼哀哉，尚飨。

　　这篇祭文，是我母亲去世后五日我父亲命我作的。那夜且哭且写，神思昏迷，不晓得写了些什么。我妻坐在我旁，时时慰我。有时她也哭了，整整闹了大半夜才作完了。次日请我一位朋友张献之先生看看，冗长的替我删去，颠倒的替我理直，太俗的替我改雅。最后两段，却没有改。张先生说，这是出于性情的，不是文家匠心所能用的了。今日读完之后，心中作如何感想，是不用说得的。不过这篇祭文，说得不详细。怎能表示我母教养勤劳的千万分之一呢。我少时所受母亲的教训，不知有多少恒河沙数。现在所记得的，寥寥无几。我打算费点功夫，把它写出来。一则可以表示我母亲之圣善，一则可以作家庭教育学校教育的模范。不过小子不文，记忆力又不佳，仍不能表示我母教养勤劳的千万分之一。这也是无可如何的了。

我生在陕西汉中府，孩提之时我母如何教我养我，我现在却一点不知道，一点不记得。料想无论何人，也都是这样的。后来听我母亲说，又看见我母亲教养我弟妹的情形，知道我母亲对于小儿最注重的事，第一是不许多吃。吃奶有一定的时候。乳母奶如太多，宁可令其挤去。第二是不许多着。就是我们后来大了，无论怎样冷，不许着皮衣。所以我到现在仍不欢喜皮衣。二十岁上下的时候，总是棉袍过冬。第三是教学有规则的话。口齿不清，必要更正。下流言语，不准学说。第四是注重清洁。手面有污，必令洗净。衣服有污，必令掉换。第五是不许养尊处优。既能行步，不准背抱。倒茶倒水，不准叫人。第六是不许取他人之物。就是我和二弟玩耍的东西，都是各人分开。不得本人许可，不能私取。第七是注重兄弟和睦。二弟小我一岁，从小同食同游。如有一人在他室遇有食物，必叫来吃。遇有玩物，必叫来看。如有几样物件，即由母亲替分。如一件大，一件小，大的必归我，小的给二弟。第八是注重空气日光。冬天也必开窗，每日必令在院中玩耍多时。

我小时性质不好，顶是淘气。这八样事，我有好几样常犯的，母亲为此生了许多回气。说了不听，再三的说。再不听，就要打了。打了一次，我有七八天听母亲的话。慢慢的又不大听了。所以我半个月左右，必被打一回。到了十岁以后方才懂事，一说就明白。母亲也不打我了。我现在将我五六岁到八九岁受母亲教训的事，先说几件给大家听听。

我小时食量极好，也最好吃。有一年除夕祭祖之后，母亲往厨房照料，告我们道：我恐怕上来的迟，你们可先吃。厨中的菜，一样一样的盛来，等母亲入座，已来过五碗，被我与二弟吃去大半，又吃了些水果。母亲看见就说道：过年做菜，本是给你们吃的，但是这样狼吞虎咽，恐怕年初一要泻肚啊。我等再要吃，母亲不许，令去玩耍。未到天明，两人都泻起来了。以后遇年节祭祀，母亲必先说笑话道：小心半夜泻肚啊。

我小时略有一点陕西土音，把书字念如夫字。我母亲再三为我正音，到准确而后已。又一日听街上儿童骂人，我学说了两句。母亲止我勿说，并且训我道：这是下流人骂人的话，好好的小孩子，是不当说的。明日我又学着说，母亲又教训我。如是者好几天。母亲道：你是不打不记得的。打了十几下，我母亲却自己在那里流泪。我问母亲道：娘打了我，应该我哭。怎么我不哭了，娘反在那里哭呢。我母亲说道：你才五六岁，就会学着骂人。教训了几天，都像耳旁风，一点不肯听。像这样子，长大之后是个什么样的人呢？不要和某某某某一样吗？我听了大惊，心中却是稀奇：怎么学骂人就会坏到这种样子。但不敢问母亲，却被母亲的恩威所感，就很恳切的说道：娘啊，我以后再不说了。

我小的时候，着衣裳很不小心，又污又费。七岁的那年正月，因为要到亲友家拜年，母亲为我做了新袍子马褂，第一天就被我弄污秽了。母亲为我做了双缎鞋，没到正月初五鞋头就穿通了。母亲恳切的说了一回。以后替我做鞋总做云头的，多一层，可稍须多磨几天，但也不过一两月就破了。

我断乳之后，仍旧是乳母带着，我常要乳母背。我乳母很欢喜我，也愿背我。但在家中怕父亲母亲说，总不敢要乳母背。一出大门乳母就蹲下，我就拥着她的颈项背起来了。有一天，母亲问我道：在父母面前不敢做的事，离开父母应该做么。我答道：不应该。母亲又说道：你有没有这样的事。我不敢答应，心中在那里跳。知道要乳母背的事情，被母亲知道了。停了些时候，母亲又说道：你想不起么，我告诉你。你一出门就要乳母背。你想想看，你这么大了，你乳母背着不吃力吗。况且我与你父亲，都说过不许再要人背。你不听已不应该，却反会瞒着父母去要乳母背。你想想看应该不应该。母亲说到这里，我哭起来了。母亲一定要我答应。我没法只好说道：不应该。以后不了。母亲方才欢喜，替我揩眼泪。我见母亲颜色和悦，我也不哭了。

　　我母亲看见我们做无害的游戏，不但不阻挡，反帮我们玩耍，教我们方法。我五岁时，见蜡烛铺制蜡烛，回家就要自己制造。母亲、乳母替我取祭祖宗的烛泪，点灯的灯草，给我做材料。我做了半天，灯草扎的太松，就散开了。母亲、乳母又恳切教我。造成的蜡烛比市上卖的虽差得多，但也可以点了夜游呢。

　　我八岁时，见姑丈弟兄着象棋。回到家里就和二弟画了一个棋盘，把纸糊在钱上，写将帅士相车马砲兵卒等字，居然成功了。不过砲的地位，画在相的一行，卒下一格。那时已知道砲打翻山，第一着就把对家的兵打了。又误以为马走田字，于是走的乱七八糟。被母亲看见了，母亲一面笑，一面叫我们照旧着。着了半天，母亲笑不可仰。说道：总算亏你们的，不过弄错了。我来教你们罢。重画棋盘，讲明种种规则。有时我们弟兄二人着，有时和母亲着。初和母亲着时，母亲让去两马一车一砲。慢慢的少让一子。到了十一二岁，母亲只让一车。不过现在风木兴悲，要侍母亲着棋也不可得了。

学界风潮感言
民国八年（1918）

（一）

诗云："人之云亡，邦国殄瘁。汉室灭矣，但未知瞻乌爰止于谁之屋尔。"此郭泰因汉灵帝时指学者为党人，穷加禁诛之恸言也。卒之颓波横流，公议败绩。其结果如何，稍读国史者皆知之，无待烦言也。

宋自神宗以来，党祸踵起。强敌临境，诏求直言。徽宗追唯己愆，悔之无及，传位钦宗以收人心。钦宗既立，太学生陈东请诛蔡京等六人，嘉纳而不即旋行。金人忌李纲，罢免以谢。太学生陈东等及都民数万人上书留纲，挝坏登闻鼓，喧呼动天地。钦宗恐生变，勉从之。然畏金责言，不数月仍罢去。自是人心愈失，国事日非。其结果如何，稍读国史者皆知之，无待烦言也。

有明之季，东厂以威权制天下。东林以清议制朝廷，正士诛锄，民心涣散。其结果如何，稍读国史者皆知之，无待烦言也。

夫往事彰彰，尽在简册。后人读之，是非立判。徽、钦读汉史，曷尝不叹息痛恨夫桓、灵。熹、庄读宋史，曷尝不叹息痛恨乎徽、钦。然卒自为桓、灵,自为徽、钦而不悟。悲哉。

呜呼!吾读史而心惕然,吾读报而心惕然。吾国历史上之公例,学者都民与政府相持,辄为异族凭陵之先声。五胡金清之入中国,其元勋当推桓、灵、徽、熹也。李膺、陈东及东林诸贤,又何曾思及牺牲一切而无救危亡哉。后之君子,可以鉴矣。

(二)

法国于第十五世纪之时,巴黎大学学生与国会有同一之权利;对于国事,均可发言。十六世纪之初,法皇路易十二与教皇联合,狼狈为奸,暴征横敛,国事日非。学生与国会合力抵制,卒无效果,并政治上发言权而失之。然学生不因此而自馁,讲学愈力,思想益高,卒能推翻帝政,建立法兰西共和国。彼皇室方面,不过得居处不宁一再丧身断头台之结果而已。

哈诺华(按:今译汉诺威)者,德意志联邦之一地。十九世纪之初,属于英国,旋离英而立新王伊业士(即威廉四世)。伊业士浮荡跋扈,浪费二百五十万金。又于千八百三十七年下诏宣布,谓己对宪法无服从之义务。官吏人民处积威之下,不敢有所表示。唯哥廷根大学校教员七人出而反对,迫王收回成命。王怒,免七人职,限三日以内出境。临行之时,学生群集送别,俨如凯旋军。各地人民均表同情,募款扶持,共得二万二千金。各大学争聘七人。义金亦未动,后以之办他种公益之事。斯举也,伊业士以压力占一时之胜着,然因此激起国民之自动。千八百四十八年德意志国会创立运动,实胚胎于此。伊业士当时詈七教员曰:"扰乱世界之斯文畜生。"其精神上之痛苦,实非笔墨所能形容也。

俄国素以专制称于世。十九世纪初叶,虚无党之名称忽现于俄国史上。而大学专门学校乃至中等学校之学生,见政治腐败,愤慨烦恼一时俱集,始则以团体示威。然处于政府及教会压力之下,日入悲观。于是寄情酒色者有之,自杀以徇其主义者有之。其强毅不屈者,或单独从事暗杀,或加入虚无党。卒之帝后显宦,一再死于非命。兵败地蹙,至今无从收拾。然俄国国民经种种阅历,终不能禁其无所建立也。

日俄战后,订立《朴资茅斯条约》。日本国民以所得权利,不足偿其欲望,于是愤外交之失败。学生市民集合而攻击政府,焚电车,毁警署。各地响应,全国纷然。经政府解释镇压,幸得无事。然日本朝野上下因此而有所觉悟,政治经济上之设施,国民民治之理想,谓其为此役所促进,无不可也。

上所述者骤视之,与李膺、陈东及东林诸贤之举动无甚差别。其严重或犹不逮,然其结果不同。何也?毋亦以一般国民之思想,与世界之潮流、物质之进步,有以左右之耶,有以左右之耶。

(三)

吾对于此次学界风潮,不免一喜一惧。喜者,喜吾国青年及一班国民均能知世界大势,不复如前之视世界之事,如隔岸观火。次则喜爱国之心渐能普及,不复如前之视国家之盛衰如秦人视越人之肥瘠。次则喜合群之力,有秩序之行动,确有进步。不复如前之一盘散沙,矛盾紊乱。此三者皆国民所亟需之智德，为立国不可少之条件。此次均能为一种之表现，实吾人所最喜慰者也。

然吾人于此有三事颇为隐忧。第一，偏消极而缺积极。教育总长、各校校长之辞职也，学生之自杀也，不过此点之一现象，就一切观察之，殆有消极而无积极。虽则时势使然，毋亦国民性质上之缺点耶。李膺、陈东及东林诸贤，徒牺牲而无救危亡，抑亦此缺点之结果也。第二，乏辨别力。就此次抵制日货言之，不能谓不较从前进步。然并原料技师而抵制之，实为自杀之政策。盖真有组织之抵制，当禁生货之输出熟货之输入也。第三，无远虑。此次风潮起于仓卒，为一时义愤所激，附和者或不免以此为名高。其无远大之计划，固不必讳。然吾人既大牺牲以报国矣，即当为根本之图。否则今后国事，与此次相同者，必数见不一见，吾人能一再如此次耶。况民气易动而难静，即以罢课言之。罢课之效力结果，与将来之影响，究竟如何，吾恐学生诸君曾未计及。故吾人对于此次风潮，敬之佩之，而不能谓无遗憾也。

（四）

中国式之国民学生与政府相持既如彼，外国式之国民学生与政府相持又如此。吾国此次风潮，中国式乎？外国式乎？其结果将为吉乎？为凶乎？吾愿吾国上下一考虑之也。旧政治家、军事家，前清叔世试验数十年，既失败矣。新政治家、军事家，试验一二十年矣，其成绩何如乎。民主帝制，其祸国一也。伪法护法，其祸国一也。南征北伐，其祸国一也。吾国将来之成立，将谁恃乎。若谓恃今日之学生乎。则今日学校真有国民的训练者，殊不多遘，吾恐其与前此之不良留学生为一丘之貉也。呜呼！教育不注重养成人格，则学艺适为济恶之具。彼大奸巨憝，岂下愚所能胜任哉。

国民的训练，人格的修养，其收效虽在十年数十年之后。然七年之病，求三年之艾，苟为不畜，终不得也。吾国民乎？吾学生乎？吾教育家乎？愿诸君三复斯言。

吾前文作于六月一日。窃虑学界与政府相持过急，激生他变，以陷民国于东汉北宋有明之结果。忽而警电传来，北京学生千余人被捕。上海工商界咸动公愤，五日商界全体罢市，工界亦陆续罢工。学界商界用种种方法阻之，均不可得。十日沪宁沪杭两路亦停车矣。各地闻风响应，指不胜屈。若汉口，若芜湖，若南京，若苏州，若杭州，若宁波，若南昌，若厦门，若天津，若济南。特其较大而彰著者耳，甚至青红两帮亦议决于罢市期间，不盗不窃。上海罢市七日，并扒手亦不之见。呜呼！我国民程度竟如是之高，殊出人意料之外。孟子曰：无敌国外患者国恒亡。吾国今日处敌国外患之中，刺激愈深，团结愈固。吾国他日苟不亡者，不得不感彼狡焉思启者之惠我无穷也。

吾前文方虑我政府与国民情谊隔膜，或致为桓、灵、徽、熹而不悟。今日报载曹、章、陆免职，足见政府未尝不以民意为重。而此数十万学生之牺牲，与夫各埠千百万人之罢市罢工，实真正民意之表示。铁路电报印刷报章等，其功效尤为彰著。我政府竟不蹈桓、灵、徽、熹之覆辙，固属当局者不似前此帝王之昏愦。而铁路电报印刷报章等，远胜于登闻鼓，从可知矣。此又不能不感激文明先进诸国之发明者也。

吾工商学界此次举动，直接得释放学生罢免曹等之结果，其关系尚小；间接可得提起国民爱国之精神团结之巩固，其关系实大。愿吾工商学界勉之，其前途殊未可限量。唯以后当注意者，非万不得已时，切勿漫然使用此高上之威权则幸矣。至对于外交及国货等问题，务严重表示，严重勉励。而弗夹入丝毫意气，则尤幸之幸矣。

《世界教育状况》序

宣统三年（1911）

　　教育之声遍于朝野，十年于兹矣。同人组织杂志，以与国人相切磋，亦既三年于兹矣。而教育普及渺不可期，人才缺乏尤堪浩叹。若是者何也。吾尝渊渊而思，思其所以致此之原因。殆制度不善，方法不精之咎。而制度何以不善，方法何以不精，则见闻狭隘，研究不足之咎。吾尝欲研究制度方法，以示国人。顾人事牵掣，才力复缺，有志未逮，徒事蹉跎，良可笑也。

　　吾向者以教育制度，权在政府；教育方法，责在国民。权在政府者，非吾人所能为力。责在国民者，则匹夫之贱与有责焉。故思研究方法，以改良在野之教育。今年适有闰月，乃谋辑办学须知，专述教授管理之法，以为任教育者，壤流之助。既而思之，凡事须从根本解决。个人讲学，仅须方法。公共教育，当重制度。盖方法虽良，而制度不善，则处处荆棘，无可作为。于是方针顿变，舍方法而事制度。

　　各国教育制度各不相同，不唯吾国书籍论述甚鲜。日人著作，亦不过英、法、德、美四国之大略而已。若比、若荷、若奥、若意、若瑞士、瑞典，皆有特长之制度，为汉和图籍所未详。吾人日日言取人之长，补己之短，而不求知人之长，又安能取以益我哉。甚至所谓外国皆指日本，一若外国仅一日本，日本即各外国。又若日本有者各国皆有之，日本无者各国皆无之。于是不究利害，不考国情，事事规仿日本。夫日制善者吾采之可也，其不善者，吾可求欧美之善者而采之，方能取法乎上，不落人后也。

吾国今日亟宜注意者有三。国民教育，一也。职业教育，二也。人才教育，三也。国民程度之高下，恃国民教育。国民生计之赢绌，恃职业教育。而国势之隆替，教育之盛衰，厥唯人才教育。质言之，无国民教育则国基不固，无职业教育则生活维艰，无人才教育则国家无所倚。国民失向导，终于必亡而已矣。

国民教育与职业教育，皆当注意普及。注意普及，则当注意设立维持，与夫师资之养成。人才教育，当注意应吾国今日之急需，与夫所以扩充吾国势，促进吾文明者。尤当注意令大学学额与预备教育相应，勿令多数摒弃，致养成高等游民。此皆欧美各国已具之规模，吾国亟当采行。而日本有志未逮者也（日本小学教员无资格者，约占半数。职业教育，仍未发达。大学预科卒业不能入大学，中学卒业不能入高等者几占大半）。

吾今本此宗旨，搜集世界各国教育之制度及其现在之情状，辑为一编。颜曰《世界教育状况》，为我教育杂志之增刊。各先进国之所长，略在于是。善取之以补裨吾国，不得不望之教育行政官与夫在野教育家矣。

是书编辑之际，值各省教育总会开联合会于上海。不能从速杀青以就正焉，是吾之罪也。幸中央教育会开会在即，是编出版之日，正中央教育会开会之时。愿与会诸君研究采择，确定吾国教育之方针制度，则吾所祝祷翘企者也。

《中华大字典》序

民国四年（1915）

　　余母幼时，就学不及三年，学力皆得诸自修。余之儿时，余父常游他方，余弟兄恒受母训。余母不敢自信，稍有疑义即检查字典及类书，余遂习焉。成童之际，辄恃字典以阅读书报。余所用之字典，今存吾局字典部，破旧不堪，不啻韦编之绝矣。顾《康熙字典》有四大病，为吾人所最苦。解释欠详确，一也。讹误甚多，二也。世俗通用之语，多未采入。三也。体例不善，不便检查。四也。在当时固为集大成之作，然二百余年未之修改，宜其不适用矣。弱冠前后，每日余暇治英日语文。受课之时少，自修之时多。英日字典，恒朝夕不离左右。见其体裁之善，注释之精，辄心焉向往，以改良吾国字典为己任。癸卯在鄂，忽发大愿，期以十年编纂一新字典。学力薄弱，赞助无人，不数月而困难百出，遂以中辍。宣统之季，陈君协恭曾约同志有字典之辑。吾局成立，遂归局中。大辂椎轮，缺点滋多。适友人欧阳仲涛来客沪上，爰以修订之事属之。当时未尝此中甘苦，视之甚易。余与仲涛预算，六阅月当可蒇事，遂售预约，料量印刷。印竣若干页，阅之颇不称意。而仲涛以病返赣，乃移字典编辑部于南昌重事修订。阅二年而成，邮寄来沪。余与范君静生抽阅数卷，仍多可商之处，于时又加修订。盖至是五易其稿矣。秋来欧战方亟，余与仲涛皆虑旷日持久，将来大局不可预料，决意速付剞劂，以就正于当世。顾排版极难，欲速不达。吾国通用铅字，不足七千。吾局字数较多，亦不过万余而已。字典所用之字，凡四万余。临时雕刻，费巨而时缓，益以校对甚艰。校至二十余次，尚不能必其无误。此书前后凡亘六年，与其事者至三四十人。凡二千余页，四百余万言，裒然两巨册，重至十四五斤。编辑印刷之费至四五万元，亦可谓艰巨之业矣。夫人事日繁，语亦日增。人之脑力有限，安能尽数记忆。故世界愈文明，字典之需要愈急。学子之求学，成人之治事，皆有一日不可离之势。欧美诸国之字典，体例内容之精善固不待言，其种类之多，亦非吾人所能梦见。即日本区区五岛，近年词书之发行，大有一日千里之观。独吾国寂然无闻，斯亦文野盛衰所由判欤。仲涛此书与东西名著比，不知若何，然在吾国固堪称为前无古人者矣。念往者用字典之困难，数年经营之艰辛，今幸观厥成，故述其经过以为读者告。

宁鲁燕晋之一瞥

民国八年（1919）

（一）自南京发

余因视察中华书局北部各分局，于九月五日夜车北行，昨早抵南京矣。两日之中，所晤匪一人，所谈匪一端。其最令吾心折者，则江苏第四师范学校校长仇亮卿先生之谈话也。兹摘其要点记述于下。

高等小学办理未尽得宜，升学试验辄苦及格之人少。本校招考新生，取五十名。应考者在三百以上，然合格者不过二十余人。尚有二十余人，则须勉强觅凑矣。此高小教育之可寒心者也。

世人每以中学卒业生为不适用，不能谋生。不知此父兄之计划未周，教育行政之方针又误也。盖高小卒业升学时，每不度量才力冒然入中学。中学卒业，不能上进。中学校办理，又不得宜。国文程度既苦不能致用，不得不改图别业。然欲从事工商业，不能与甲种实业出身者竞；欲入邮政海关电报等机关，不能与教会学校出身者竞；欲为教员，不能与师范出身者竞。于是遂谓中学为无用矣。益以江苏省立十一中学校，校各二班并私立者计之，每年卒业生至千余人之多。省立国立之高等大学，不能容其什一之升学。于是中学卒业生，不得不为高等游民而愈为世所诟病矣。此中学教育之可为寒心者也。

师范教育，余任事已有年。觉完全遵照部章，颇有扞格之处，于是制定分科然法。办理以来，已卒业一次，成绩似较佳。而学生当在一二年级时，自审性之所近，知所注重，志愿早定。分科之时，亦无甚困难也。

中学师范之国文，世人每谓其程度不足。实则天资较佳之学生，得教授有方之教员，其作文成绩决不在旧时生童之下。盖现在学生之长处，在有各科知识以启发之。其短处则在时间太少，教授不合，求文于文而不求之于古书也。本校预科之国文，每周增至十四时以立其基础，通本科预科。一方注重字义之讲授，一方注重古书之讲读。小学读经，固吾人所极端反对，然中学师范选读《孟子》《论语》《礼记》《左传》等，固无不可也。近来学生作文，每苦别字之多及文法之讹误。本校特定时间，讲解评改之课卷。将各生误点汇为一表，并不标明何人所误，一一详为讲说，颇能收有则改之无则加勉之效。新生入学时，每级五十人。每期课卷，别字多至百余。一学期后不及二十矣。是前者每人约误三字，后者每人仅误半字也。至应用文字，非不注重，但余以为有体方有用。苟文从字顺者，虽不标明应用，而应用自在其中。若不从根本解决，徒孳孳于应用文件，则无源之水，必有穷于应用者矣。故余意教授国文，当从字义及理解力入手，方为根本功夫也。

（二）自济南发

吾于八日到济，十日赴津，匆匆四十八小时。见闻所及，自属少之又少。然即此少之又少之所得，已令人兴无限之感慨也。

吾知读者诸君见我自济南发之通讯，其亟欲知者日本人在山东究竟如何及戒严情形究竟如何是也。吾下车入城，首入吾眼帘者即距津浦车站不远有一营房，门首大书特书曰：青岛守备军第四大队。午后出游，见一日兵骑而驰，路人相率让道，迨其过则诅之詈之。西关内外，日本商肆鳞比，较之从前德人所经营者不啻什佰。而倭娘三五，擎纸伞，曳木屐，仆仆道途，几令人有置身汉城仁川之感。吾携两行囊入城，出车站，未受检查。入西关，又未受检查。入城门，又未受检查。吾询来迓之友曰：此间戒严，竟不检查行旅矣。吾客岁赴湘鄂赣皖，今年赴杭，此次过宁，均曾受严厉之检查。彼未戒严者，其严如彼。此间戒严，讵不严如此耶。吾友答曰：此间戒严，系为学生而发，故不扰及行旅。且外人不受检查，无如之何，不如不检查，尚可稍保颜面也。云云。然乎否乎，旅人不得而知矣。

济南街市，较前益繁盛，新式建筑不可胜数。询之鲁人，则曰：此非好现象也。一则人民愈穷愈奢，朝不保暮。则且以喜乐，且以永日矣。二则外县土匪横行，民不安居。小康之家，均以省垣为安乐土，谋旦夕之安。沿胶济路线如潍县周村之类，又为内忧外患所迫，商业凋敝，不得不迁地为良，遂相率移至济南，故市面骤繁盛也。然一考市面内容，则金融日枯，财政厅寅支卯粮，其发官俸暨学校经费也，有所谓期票者。始则迟一二月，继则迟三四月，今则达半年矣。如向银行兑换现金，须照按月二分以上贴息。市上通融款项，至多以一月为期，利率二三四分不等。吾聆其言而细察之，他无所睹。唯三数年前所见之中等社会，群衣大布者，今则绫罗满身，且有着最时式之外国缎者矣。殊不能不承认其愈穷愈奢之言也。

入秋以来，山东疫症盛行，而良医殊少。鲁人所恃以已疾者唯针刺耳。盖霍乱之来，血脉呆滞，针刺放血，即可冀其获痊也。疟疾亦盛行，考其原因：一由于饮料不洁。济南城中虽以泉水著称，然距泉稍远之处，则以污秽之井水沟水充饮料。故城内各区，疫与水为比例。疫愈盛者，其水愈污也。一则蝇蚊极多。吾由宁而济，由济而津，相去均不过一日。然在济为蚊所扰，两夕均不克安睡，较之宁津，殆千百倍焉。蝇之传疫，蚊之种疟，医界早有定论。鲁人殊不注意，何也？切开零沽之水果，济垣已实行禁止，人民亦知戒惧。友人以两事见告。有一售水果者，切开一瓜竟日未售去，不忍抛弃，家人乃分食之。是夜全家患疫，死其六，仅一人病而未死。有一车夫，走热而渴。见售瓜者贪其廉，购瓜数块食之。食毕前行未百步，遽倒于地。有人为延针医刺针，数十刺不见血，则已死矣。山东之教育，在民国三四年间有一日千里之进步，年来则恹恹无生气。外县无论矣，省垣小学，亦几有不能维持现状之势。教育厅尚未成立，最近简袁道冲任厅长，尚未履新。而厅署与经费，亦尚无着也。

山东中学校不如江苏之盛，岁卒业者二三百人，多就京津各专门学校升学，亦有南下入南京河海工程学校者。故尚无高等游民之忧，唯女学不发达。女子师范，全省仅一校。女师范生大半系官绅人家，认入师范为女子高等教育。卒业之后，多不肯任事，尤不肯出外任事。外县女高小卒业者，父兄虑财力不能供女生之衣饰，多不令入师范。以此因果，故女教员如凤毛麟角矣。某君告余曰：此间社会视男师范生为穷酸措大，视女师范生为特出之贵族。其言可深长思也。

吾将启行矣，不克多述。顾闻有两事不得不报告者，谨简单记之如下。确否则吾不知也。

　　凡农人经过胶济铁路者，日人须征通行税铜元数枚。

　　日俄两国人密输入之鸦片吗啡，岁值一千余万元。

（三）自天津发

吾到津三日矣。在津所感触，与济南迥不相同，抑且与南方大异。盖天津素以学务雄视全国。此次学潮，以天津为南北之枢纽，故其焦头烂额，亦较他处为甚也。

就现在状况言之，天津之教育仍有雄视全国之概。其原因有三。中小学基础早已确立，一也。高等专门学校较为发达，二也。因近年政潮关系，天津为名流荟聚之所，三也。今姑略述其一二。

天津中小学之基础，实立于项城督直时代。彼时地方上有严范孙，提学使为傅沅叔，学署总务科为袁观澜。既得风气之先，经费复较为宽裕，故其成绩为各省冠焉。就特出之校言之，中学如南开，小学如模范，均早已规模大具。南开今且改大学矣，学生凡千二百余人，大学生百余。全国私立学校，当以此为巨擘。吾尝谓南开与南洋中学相似，张伯苓与王培孙相似。然最近之进步，南开远过于南洋者。固由于张之力求进步，而有无助力实其主因也。模范小学与上海之万竹相似。校长刘竺孙尤与万竹校长李默非相似，就学识经验而论，刘似较胜于李。然校务之发展，经费之节省，万竹反胜于模范者。则以万竹开办于民国元年，无旧习惯牵挚，又确为上海县立，不似模范介省立县立之间多所掣肘也。

高等专门学校，吾此次绝未参观，无从知其情状。然北洋大学，固彰彰在人耳目。此外专门学校，如法政工业等均仍存在。中学卒业生，无不得升学之痛苦，似较他省确胜一筹也。

名流聚于天津，其影响于学界者有二。赞助兴学，一也。此次南开改设大学，由严范孙先生约集各名流募基本金百万。若在他处，则万不能行也。研究大盛，二也。他处乏研究力，常有盲从某人或某主义之弊。天津则不然，名流多则无人敢乱出风头，研究盛则无人肯盲从也。

国民教育与人才教育孰为急务，为近年教育界争论之焦点。范静生先生素主张注重国民教育者也。此次晤谈，彼之主张亦侧重人才教育。其言曰："国民教育，现在群知注意。有子弟者，咸知令其就学。行政官厅，大率亦知提倡，无待吾人哓舌矣。唯高等专门教育太不发达，中学卒业生无地升学。每遇专校招生，应考者辄什蓰于定额。常有受试多次，不得录取，遂不得不为游民矣。留学外洋，费重人少，且无从研究本国之事实及物产，未必适合吾国之用。故为人才计，为研究计，均不得不亟谋高等教育之发展。"吾民国三年有"论人才教育职业教育与国民教育并重"文一首，曾刊登前本志。兹摘录于下，以促国人之注意。（原文见第一卷不复录）

新旧之争，又今日学界一大问题也。此次在津晤严范孙先生，论及此点，极为公允。其言曰："目下新旧之争甚烈，吾以为新旧宜各图进行。无论主张如何，学说如何，均不妨听其自然。盖既成一说，既树一帜，其中必含有若干至理。经社会舆论及个人良心审判之后，必能存其合理者而汰其不合理者，彼时当有一自然折衷之法，以成一新文明。若彼此水火，彼此摧残，不唯恐为人利用，两败俱伤，且将并此区区之研究心得而俱消失也。"又曰："美术思想，世界愈趋愈进，我国则不然。近来小说名目略带艳绮，或封面绘有美人者，辄遭摧残。实则大可不必。盖小说当视其有无文学上价值，美人画当视其有无美术上价值。苟其有价值也，则虽写浓艳之情，绘裸体之画，亦所不妨。故窃愿出版界从美的方面研究，毋专迎合社会恶心理，亦毋为伪道学派所摇动也。"又曰："沪上某某山房所印之诗文集等书，版本适中，价尚不昂，吾甚喜之。惜非影印，校对又劣，鲁鱼亥豕，不堪卒读。遗误学者，殊非浅鲜耳。"先生年已六旬，久为新旧学界泰斗，所言如此。吾愿新旧学界一加猛省，而吾人营出版业者尤当三复斯言也。

（四）自北京发

吾本拟十二日赴京，严范孙先生挽留多住一日，慈约又定于十三入都，约同行也。是日到正阳门已午后八时，舍馆东方饭店。行滕甫卸，即赴浣花春川菜馆晚餐。

在津在车在京，均曾与慈约作长谈。余最心折其分科调查谈，不可不为吾教育界实业界诸君介绍之。实则国中任何事业，均不可不从分科调查入手也。

慈约之言曰："吾从事直隶实业行政有年，欲为地方上有所尽力，辄苦无从下手。思之又重思之，觉分科调查为扼要之图。盖实业二字包含太广，非详细分科无从着手。即商业、工业、农业、矿业分作四项，仍属无从着手也。余之分科法，不问其在学理上如何，但就本省出产及需要者详细分科。譬如农业分米麦棉等目，调查其种植地若干，收获量若干，需要量若干，输出入量若干，种法如何。一面调查他省若他国之状况，以供从事该业者之研究，以便行政方面之提倡整顿。此法施行以来，颇见成效。君素研究教育，余以为欲图教育之改良，亦当从兹入手。仅分小学、中学、女学、师范、专门、大学等，无益也。必就各级学校中之科目，详细分别。如小学中学师范之修身、国文、外国语、数学等，各为一目，调查其程度时间教法用书成绩等，以便研究改良。较之空谈主义方法者，其收效不可同日语也。"

余在京前后住十余日。政治上之事情，非吾侪所得具知；社会上之事情，一时亦莫由深悉，故余仅就余刺激最深兴味最浓之一二事记之。吾国政治之中心在北京，商业之中心在上海，固尽人皆知矣。至学术思想之中心，海通以来均在上海。然最近二三年来，似已移至北京矣。余推其原因，殆以曩者内地风气闭塞，稍开通者，群趋于上海。又以印刷出版为上海之特业，稍高之学校又均在上海。故上海之思潮，迥与他处不同。今则大学高专北京为盛，大学又人才荟萃，几有学府之观。蔡先生兼收并蓄，任其发展。益以部院学校之关系，求事求学者群趋于京华，故其势骤盛也。更就形而上推之，则他处大学无真正之文科，且国文程度较逊，故思想发达不如北京。即有思想，或以文学欠佳，不克发表；或以个人力弱，不能发表，故不得不以首善让北京也。

思想发达，于是出版物大盛。出版物愈盛，思想愈发达。京中定期刊行物多至八十余种，诚可喜之现象也。

然吾有作悲观之两事。一则风气渐趋于浮靡，愈穷愈奢之原则，又可应用于北京也。一则新旧冲突太甚，新之中复有新，旧之中复有旧，极端之中复有极端，争论之里面藏有许多陷害倾轧之行为。此不唯影响于思潮，直与国民之人格、国家之元气予以大打击也。

吾于此将述一笑话。甲乙两君，旧派中之正直者也，一日与某君谈及胡适之，均以为适之必三头六臂，或碧眼黄发者也。某君大笑，为之绍介。晤谈之下，甚觉投机。甲语人曰：胡适之很可亲近，且非无旧学根柢者。余后以告适之，适之亦忍俊不禁。吾于此得一理由。盖新旧之中，除极端中之极端又当别论外，其余均非绝对冲突者。不过彼此不相识，彼此又不细究对方所说之全体。以一人一语之故，遽起纷扰也。少研究而多武断，欠忠恕而多逆臆，此其所以多事也欤。

（五）自石家庄发

吾将作太原之行，友人告余曰：京汉路沙河桥坏，须步行而过，毋乃太苦乎。吾自诩尚能步行，应之曰：步行过沙河，亦壮举也。七里之程，吾殊不在意也。九月二十二日夜十一时，趁京汉车南下，翌晨五时许抵新乐县。县南二里，即沙河北岸。沙河原有铁桥，今夏为洪水冲毁，以致铁路中断。火车至此停止，旅客纷纷下车。余唤一脚夫为负行李，余随之行。至桥头，警察荷枪站岗，令排队鱼贯而进。吾前后各一脚夫，衔接而行。欲速不可，欲缓不能。桥窄处仅二尺余，亦不容不如此也。约经时三刻抵南岸，有两芦席棚设桌椅可容数十人，半月前方搭成。头二等客可坐棚内，三等客则露立土方上，并芦席棚之权利亦不克享。棚内有售茶水者，水秽而未沸，初不敢饮。有售小米粥者，碗筷仅数副。一人食后不加洗濯，用污布擦之即供第二人用。视此情形，更不敢食，忍饥渴待之。越二小时，忍无可忍，饮开水少许。味苦涩，勉尽一盅。九时，路警大呼车来，群奔土方上。路不易行，人又拥挤，有倾跌者。至则车未来。烈日当空，热不可耐。尘沙飞舞，口目难开。行李凌乱，秽气触鼻。鹄候一小时，汽笛呜呜，火车真来矣。上者下者，殊无秩序。然至是得少休，已如登仙矣。唯饥肠雷鸣，向饭车索食物。云须过正定方有。再四磋商，得饼干少许，汽水一瓶。饮之食之，其味弥佳，不能不感激万分也。

余与同车者偶谈。余曰：京汉路办理太坏。既知桥毁非一时所能修复，则费数千金略为设备，专派职员竭诚招待，旅客受惠多矣。客曰：子毋然。一月之前，余经行此处，并芦席棚而无之。适风雨交作，见女客二人似姑嫂也者，立露天中。嫂着裙，尚不甚狼狈。姑着纱衫裤，淋湿贴身，羞窘不可言状，号啕大哭。同行之男客，似为女也兄者取毯笼罩之。女即拥毯立雨中又两小时。及登车，则首如飞蓬，面色泛白，不似生人矣。此外行李湿坏，更不可以数计。呜呼！此主权在我之铁路也。

日将午抵石家庄，不及趁正太车（正太车早八时开，沙河桥未坏时京汉南下车六时许到，可即过车也）。住祥隆饭店，甚清洁。午后赴中华书局分局，此处系代办性质，与德茂恒同为王君佩实所经营。石家庄学校极少，然附近各县均来此购物，故营业尚不恶。

石家庄之现象颇奇。在铁路未通以前，不过一村落而已，今则为直隶南部之大镇，山西出入之咽喉。居民甚少，商业甚盛。大街地基，有租无卖。稍僻街市，每亩售价二三千金。人口一万余，妇女不过千余，其中强半为妓娼及妓寮女佣。综计之，约男丁十五人左右，有妇女一。男丁三十人左右，有娼妓一。从可见携眷者少，冶游者众也。

水利不修，为石家庄之一大患。前年洪水发时，商店民居什之八九均被冲毁。中华书局暨德茂恒，适于前一年建筑新屋，地势高而建筑坚固，毫未受损。佩实言及，殊得意也。

（六）自太原发

年来闻人称道晋省治绩者，不一而足。过京津时，严范孙、范静生、张伯苓、袁观澜、蒋竹庄诸先生更赞美不置。慈约且为介绍于赵旅长次陇，到晋承派崔副官伯英导往各处参观。惜不克一一详记，仅就见闻所及感触较深者略述之。

山西之政治，贤人政治也，开明专制也。其根本则出于孔孟及宋明诸儒之学说也。阎百川虽为军人，然肯研究肯做，又不要钱。赵次陇于文学宋明理学，均有心得。出其所学，尽心力而辅相阎公。晋人富服从心，能守秩序，故仅两年而治绩冠全国，为模范省焉。

山西政治之成绩，第一在提倡国民之修养；第二在民政之励精图治；第三在注重教育；第四在讲求生计。虽因财力智力之关系，有不克尽举，或举之而不得其道者，然大体已具矣。有王者起，必来取法。吾为山西诵之。

提倡国民之修养有三。以身作则，一也。从事静坐自省，二也。标出扼要之语，使人人知所注意。三也。赵次陇告吾，谓西人星期日休假，赴教堂礼拜，以收六日之放心。我则星期日专事游玩，益以放其心。故山西近来提倡星期日自省，无论政界军界学界，均励行之。现建大礼堂，可容数千人，尚未竣工也。督军兼省长阎所出之民德示谕，颇有可观。兹录于下。

身立要言六则

（一）公道为社会精神，国家元气。故主张公道，为国民之天职。

（二）桀骜不驯，为野蛮人之特性。

（三）真血性男子，脑筋中有国家二字。

（四）欲自立，先自不倚赖人起。

（五）欲自由，先从不碍人自由起。

（六）能忠于职务者，才是真正爱国。

民德四要

（一）信。

（二）实。

（三）进取。

（四）爱群。

山西之民政，最注意者六事。曰水利，曰蚕桑，曰种树，曰禁烟，曰天足，曰剪发。就其成绩而言，此两年中，水利方面：开渠约三百道，凿新法之井四千，筑蓄水池十余。恃以灌溉之田，达百万亩之多。蚕桑方面：新种桑秧五千万株。向浙省购桑秧，延技师，以图改良。省垣所设女子蚕桑传习所，吾曾去参观。分速成高等二组，学生将及二百人，注重实习。缫出之丝，颇有可观。湖州技师某君监织实地纱，较之苏浙所产无甚逊色也。种树方面：已种一千余万株。就全省人口计之，每人有树一株矣。禁烟奉行严厉，种已绝迹，吸辄重惩。近并含有烟质之丸药，亦严禁矣。剪发天足，收效尤宏。垂辫者绝无所见。少年女子，无不天足。老年妇女，亦逐渐放足。天足会进行极猛，常派女学生女稽查，逐户调查干涉云。

民政之收效，宏而且速。前途甚有希望者，则训练之功也。无论知事掾属区闾村长，均有讲习所。授以必需之智识，告以中外之大势。道德之修养，惩戒奖励，又复认真。故贪墨怠惰者知所戒，而勤慎有为者知所奋也。

阎公之根本计划，则在教育。故提倡进行，不遗余力。山西岁入不过千万，教育费竟达二百万。今年临时费又百余万。增加教育费议案，提出于省议会。阎公亲临演说，恳挚迫切，殆与威廉第二要求议院通过海军扩张案仿佛，而注重可知矣。上年八月，召集整顿教育讨论会，议决之"山西教育逐年进行计划案"为有系统具体的计划。一年以来，依次进行，颇著成效。山西办学之成绩，虽未必尽佳。然在行政方面之计画，之精神，之认真，在各省中固有一无二也。

余参观所及，有数种感想。进步一也。元年余到晋参观女师范，其程度之幼稚，非吾人想像所能及。今则教授管理，斐然可观。太原中华分局经理张君文甫有一女，年十七，在师范三年级。余曾阅其作文稿本，事理明白，文笔条畅。如就江浙学校比之，恐男师范之中等生，亦不过如此也。余参观时，见江苏吕女士教授唱歌，教态教法，既有可取，且能注重文学趣味。盖新知旧学，俱有根柢者也。本省某女士授国民二年级图画，教态教法极佳，且能联络各科养成常识。在小学教师中，不可谓非上驷之选。女学进步如此，其他可想见矣。

山西教育界有最特殊之两事，一为国民师范学校，一为留日留法预备学校暨贷费留学。国民师范学校今年招学生一千二百人，明年拟添招一千二百人，拟令该校常有学生二千以上，以备小学教员之需。全校布置，与军队略同，又以军法部勒之，整齐严肃服从清洁之特色，不能不令人叹服。各省派遣留学生，无不苦费巨额少，不克持久。山西办法则先令入预备学校，习该国语文暨科学，继贷以费令其赴该国留学。卒业回国，令分年偿还以前所用之费。此种办法，既可免时日之旷废，一人偿还，即可续派一人。日增月盛，人才有不众出者哉。

社会教育亦有可观，讲演无论矣。最有兴趣者，为提倡识字及广布格言。全省电杆墙角，无不有处世格言。冲要街衢，军队学校，无不植立识字大牌，分最要次要等计千六百字。各商店门前悬识字牌，每家三字，即负为人民讲解此三字之义务。

山西民政，颇能实心注重于生计。凡有可以富民者，无不尽心为之。造林、种棉、改良农业，均次第进行矣。其尤有希望者，厥为畜牧。晋地多山，草长宜牧，尤宜牧羊。最近从澳洲购来羊种千余头，使与土羊交配，改良羊种。农林学校试验成绩甚佳，将推行于各县焉。余参观农林学校时，羊适放出。与崔副官暨该校职员，追踪于校后高林中，甚有趣也。

山西之军队教育，殊有可观。余曾观第十团，由团长蔡君导引。周行全部，各军士无不读书工作者，盖其用意在授以国民常识。军事训练，俾应征可当干城之选。退伍能为人民之良者也，又令练习农事及工作，以为他日生计之助。此种军队，无论如何不致养兵害民，不致变为土匪，可断言也。

吾言长矣，吾意未尽也。吾明早将启行，就此搁笔休息矣。

港粤一瞥

民国九年（1920）

　　吾于九年五月十六日午前七时，趁中国邮船公司"中国号"由沪启行。十八日午后四时到香港，当晚夜航赴粤，二十一日夜航到港。明日（二十三日）午前仍趁"中国号"返沪，预计二十五日可到。往来共十日，途中占其强半，其不能有许多闻见，固不待言。然即此所闻所见者，笔述而刊布之，未始不可供吾教育界及研究实业研究社会问题者之参考也。

　　"中国号"载重一万吨，由旧金山至上海香港之定期航行邮船也。此船客舱只有头等三等而无二等。头等在船之中部偏前，三等则在船尾。船分五层，第一层最小，仅一瞭望台。二层为甲板，有船长室等。船长室之前为头等室休息处。三层有吸烟室、休息室、船员室，及少数之头等舱室。四层为客舱、头等舱卧室。室外有餐室、浴室等。最下层为货舱，容积最大。愈上则愈小。甲板上有舢板三十余只。每只可载十六七人至二十余人，均以英文写明。此该船大略情形也。太平洋有中国邮船，自该公司"南京号"始。此船为第二艘。

　　登船后约半小时即启碇。是日天气清和，衣呢袍，登甲板眺望，尚觉微凉。晚餐后，衬小棉袄，在甲板上盘桓两小时，戏作白话诗一首。

夏历三月二十八晚"中国号"甲板上远望

眼睛里什么都看不见，

只有亮的星，青的天，

白的浪花黑的烟。

远远的灯塔的灯光，

在那里一闪一闪。

差拿差拿！冲破水面向前！

差拿差拿！冲破水面向前！

（注）此船华名差拿，系粤人写China之译音，又似船行之声。

次日经福建海面，天气渐热。晚餐后，同船西人跳舞，吾人作壁上观，夜深始散。第三日舟行广东海面甚炎热，华氏表升至八十度外，着单衣尚觉有汗。午后四时抵香港，舟停海中。旅馆接客者以小艇及小汽船傍大舟，甚拥挤。六时方入旅馆。是晚趁"佛山"轮，次晨抵广州。

吾八年不到港粤矣。此次重来，觉有五事与从前不同者。

（一）从前无沐浴之所。今则上等旅馆，均有浴室，间亦有澡堂。

（二）从前旅馆不多，新式者尤少。今则鳞次栉比矣。

（三）广州市向为城墙所苦，且仅长堤有马

路。今则城已拆尽,马路纵横十余,且正在进行。

(四)从前长堤虽繁盛,然矮屋极多。今则尽成高楼大厦。大新公司新建筑最高凡十二层,港沪均不及也。

(五)从前无赌馆。今则遍地皆是。

吾在粤仅三日。晤谈之人既鲜,又未出外参观,自不能知其内容。就所闻知者,则教育上有两大问题:曰私塾,曰女学。社会上有两大问题:曰劳逸,曰淫靡。此四者均有互相之关系,故统论之。

广州私塾,本极发达。民国二年春,广州市有八百余所。今则增至二千余所。从前最热心兴办学校之人,现在均令子女入私塾,而不入学校。其原因有三:(一)痛心学潮,不愿令子女加入。(二)学风不良,外务多而成绩劣。(三)不愿子女为自由男女。

阅者知自由男女作何解释乎?十年以来,广东自由女之风大盛。初则少数女学生,醉心欧化,主张自由结婚。偶一失足,遂不自惜而放荡无归矣。继则私娼冒女学生,从事招摇。日久破露,遂实行入学校。于是私娼之为女学生,及女学生之流浪者,遍地皆是。夜度之资,女学生稍昂。复因真伪莫辨,于是以女学校之徽章为凭。呜呼!学校徽章,侮辱至此,亦可慨矣。坐是之故,官立及教会设立之女学校,取缔綦严。专制程度日高,私立之良校亦竭力整顿。然女学已受一大打击矣。曩昔提倡女子最力之某君尝叹息曰:吾对社会对女界,为功为罪,吾自己亦不能下断语。然清夜思之,汗流浃背矣。

坐是之故,私塾乃愈发达。顽固之侪,借为口实,洋洋得意。有一私塾父子同事教授,学生多至百余人,父年六十余,子四十左右,孙十余龄,三代垂辫,恬不为怪。广州省城而有如此现象,真令人不可思议。

广东人之性质,诚实耐劳,其起家也多数由工商业。换言之,则广东社会之中坚在工商业。工商业之基础,在每日十三五时之工作。某君告余曰:如依劳动神圣,工作每日减至八时,则广东将即衰败。盖劳力少则出品减,闲暇多则游荡盛。当兹教育不完,机械不兴,资本家不多,大事业不盛,社会组织不善,娱乐机关不正之中国,侈言劳工革命,非革资本家之命,乃革劳动者之命也。吾为劳动者之一,如谓八时与十二时劳动之效率相等,吾不敢自信也。

吾临行之前一小时,乘摩托车周游粤垣。凡马路可通之处,无不经过。最远者为东山,在黄花冈之东,荒冢累累之间有白底黑字之大额一,题曰军政府。实假用农事试验场也。

广州书肆极多,为教育发达之明证。香港虽有十余家,所售者不过文具及无聊之书耳。

广州市之繁盛,在吾国允推第一。地价最昂者,每方丈售至五六千元。双门底为三等街,亦有一方丈售至千元外者。地狭而昂,故只有向上扩充,而楼益高矣。

我倦欲眠,书至此止。他日有暇,或可续记一篇,材料尚多也。民国九年五月二十二日晚记于香港旅邸。

教育文存卷五终

迳启者：

　　逵喜谈教育，十余年来所作文字散见报章杂志。兹选存若干汇为一册，名曰《教育文存》。现已出版邮呈指正。迩来学制有革新之议，中等教育尤须早事研究。附呈调查表乞饬填寄下。逵拟就调查所得，造一简明统计，或可供吾辈研究参考也。专此即颂

　　台祺

陆费逵谨启
十一年四月十五日

（校名）　　　学校调查表　　　民国十一年　月

科目	教员姓名	第一年用书	教员姓名	第二年用书	教员姓名	第三年用书	教员姓名	第四年用书
修身								
国文								
外国语								
历史								
地理								
博物								
物理								
化学								
法制								
经济								
图画								
手工								
家事								
体操								
乐歌								
教育								
农业								
商业								

（注意）自编讲义者，请填自编二字。用何种书，请填明书名及出版书肆。贵校对于何科或何种图书有何意见，请另纸开示无任，欢迎来示。请寄上海静安寺路敝局推广部收。

上海中华书局谨启

图书在版编目（CIP）数据

教育文存 / 陆费逵著. —西安：西北大学出版社.
2019.3
（中国现代出版家论著丛书 / 郝振省主编）
ISBN 978-7-5604-4315-7

Ⅰ.①教… Ⅱ.①陆… Ⅲ.①教育理论-文集 Ⅳ.
①G40-53

中国版本图书馆CIP数据核字(2019)第048041号

中国现代出版家论著丛书

教育文存
陆费逵 著

出版发行：	西北大学出版社
地　　址：	西安市太白北路229号　邮　编：710069
网　　址：	http://nwupress.nwu.edu.cn　邮　箱：xdpress@nwu.edu.cn
电　　话：	029-88302590
经　　销：	全国新华书店
印　　装：	陕西博文印务有限责任公司
开　　本：	890毫米×1240毫米　1/32
印　　张：	8.75
字　　数：	201千字
版　　次：	2019年3月第1版　2019年3月第1次印刷
书　　号：	ISBN 978-7-5604-4315-7
定　　价：	56.00元

如有印装质量问题，请与西北大学出版社联系调换。
电话：029-88302966

版权所有　　侵权必究